—— 汽车陪练 伴你平安上路 ——

图解手册

使用指导

私家车的不断增多，城市交通的拥挤堵塞，给刚刚走出驾校的新司机带来较大的压力。本书针对新司机在上路前及上路后可能遇到的各种问题，用图解的方式，教给他们常规的解决办法，以帮助新司机尽快掌握驾驶技术，实现安全上路。

图书在版编目(CIP)数据

汽车陪练伴你平安上路图解手册/王志勇著. —北京：中国劳动社会保障出版社，2008

ISBN 978-7-5045-7414-5

Ⅰ.汽…　Ⅱ.王…　Ⅲ.汽车-驾驶术-手册　Ⅳ.U471.1-62

中国版本图书馆 CIP 数据核字(2008)第 151421 号

中国劳动社会保障出版社出版发行

(北京市惠新东街 1 号　邮政编码：100029)

出版人：张梦欣

*

新华书店经销

世界知识印刷厂印刷　　北京密云青云装订厂装订

787 毫米×1092 毫米　32 开本　4.625 印张　120 千字

2008 年 9 月第 1 版　　2008 年 9 月第 1 次印刷

定价：28.00 元

读者服务部电话：010-64929211

发行部电话：010-64927085

出版社网址：http：//www.class.com.cn

目录 CONTENTS

1 第一部分

新司机上路恐惧心理“面面观”

一、　害怕公交车进出站
二、　恐惧“遭遇”大货车
三、　担心窄路行驶
四、　害怕经过立交桥
五、　害怕“坡起”
六、　害怕“并线”和超车
七、　害怕主辅路进出口
附件：新司机的几种想法和王师傅点评

一、害怕公交车进出站（图1—1）

新司机上路，一般害怕遇到公交车进出站。A车驾驶员由于害怕公交车这个“庞然大物”，便向左打方向盘，但此时左侧的B车紧急制动、鸣笛，使A车驾驶员吓出了一身冷汗。

原因分析：

◎没能跟上前方车辆；

◎有点慌，不知道超车距离；

◎不知道公交车起步规律；

◎对路权不太理解；

◎对汽车右侧的距离判断不好。

解决方法：

当A车处于C位置时，距公交车车位8米，此时司机能够看到公交车的车头，离公交车的距离至少有0.5米宽，这时是很安全的，正确的做法是加把“油”跟上前车。因为，公交车即使在没有人上车的情况下，停车再起步也至少需要3秒钟；况且路权属于A车，因此可以放开胆量，加速跟上。

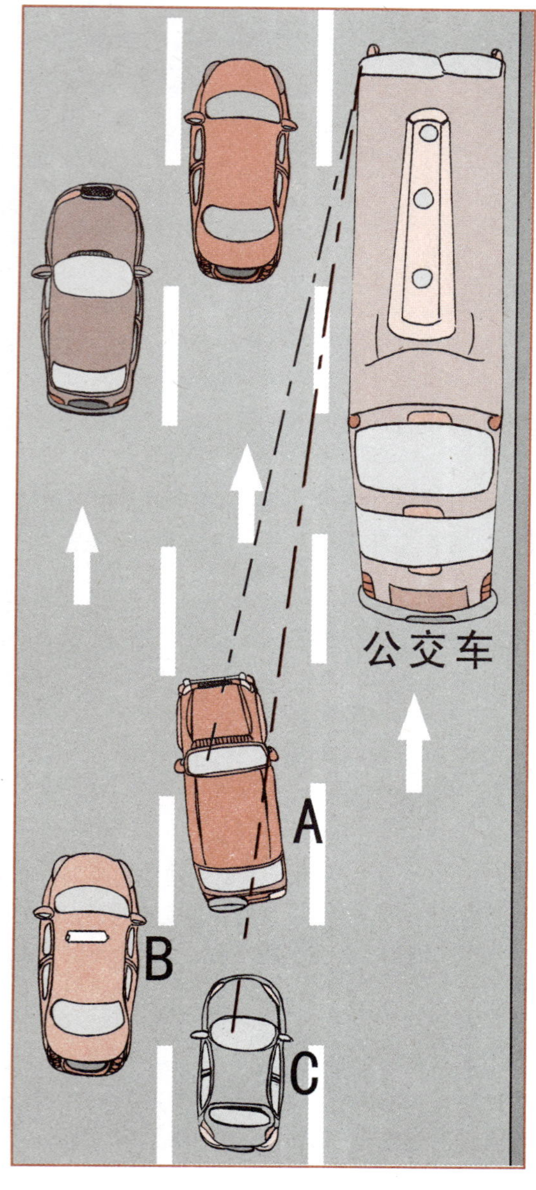

小贴士：

“路权”是指车辆在道路上正常行驶的权利，例如当直行车遇到转弯、并线的车辆时，路权属于直行车。又如，车辆起步、停车需让正常行驶的车辆通过，也应该让非机动车先通过，否则发生交通事故要负全责。

图1—1　害怕公交车出站

二、恐惧“遭遇”大货车（图1—2）

在道路上行驶，新司机通常害怕与大货车会车。A车驾驶员看到大货车迎面驶来，速度很快，好像冲着自己就开过来似的，第一个反应就是向右打方向盘。但是，此时如果右边有直行车、行人或者边道，还能这么办吗?

原因分析：

汽车在静止时和行驶时给人的感觉是不一样的：在行驶中速度越快，感觉距离就越窄。要找到“车距感”，需要一段时间的训练或反复实践。

解决方法：

一般来说，当A车处于C位置时，眼睛能看到B车的车尾，这时距离大货车约有10米的距离，此时会车离货车的宽度应该在0.5米以上，是安全的。

如果还是觉得不好把握，平时可以有意识地训练一下：找一辆停着的车，离10米看到对面车尾，看一下宽度是否为0.5米。多练习、多体会，上路才会有“感觉”。

图1—2　恐惧“遭遇”大货车

三、担心窄路行驶（图1—3）

新司机上路，往往担心窄路行驶。比如，A车在窄路上行驶，前方又有很多行人、自行车，汽车只得走一走停一停，这时后面汽车又在鸣笛催促。此情此景，新司机往往不敢放开胆量前行，经常用力踩制动，起车又用不好离合，真是“左右不是”。

原因分析：

这种情况往往是由于新司机机械操作不熟练造成的。判断复杂的路面情况和操作机械同时进行，对新司机是个难题。如果新司机离合器半联动使用得好，汽车能够5厘米、10厘米地慢慢移动，即使车子距离行人很近也是安全的，人群会慢慢散开。

解决方法：

先到车辆、行人少的地方练习，踩制动的速度控制在1秒钟以内，而且要轻抬制动。用半联动尝试将车速控制为比行人慢一倍以上。

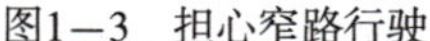

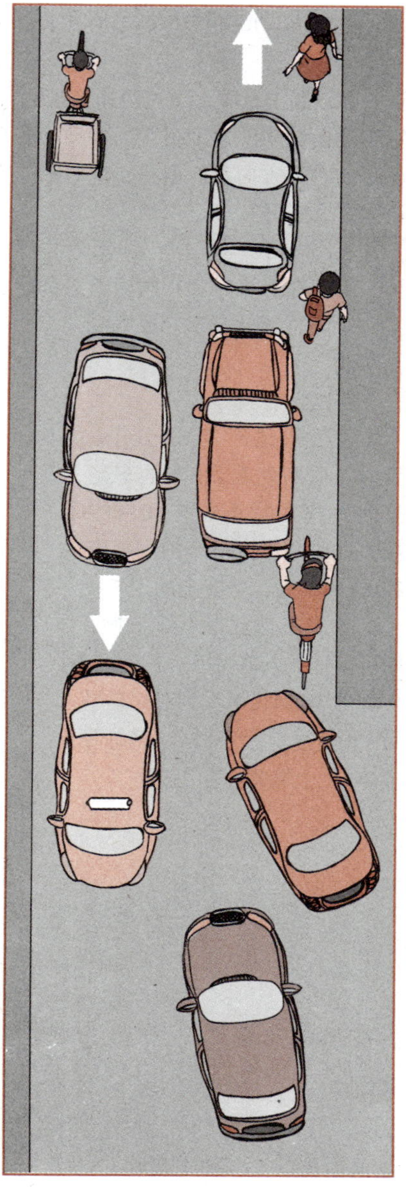

图1—3 担心窄路行驶

四、害怕经过立交桥（图1—4）

新司机在经过立交桥时往往会产生恐惧的心理，担心并错线，担心驶上错误的路线，等等。

原因分析：

◎在车辆行驶到立交桥前不知道立交桥转弯方法。

◎道路车辆较多、只忙着行驶顾不上看转弯导向标志。

◎二环、三环、四环立交桥转弯方法不尽相同，容易迷失。

◎在立交桥上行驶车速太慢，后车催促，右侧超车，对右侧视宽感觉不好，认为右车离自己的车很近，会害怕。

◎对操控装置使用不熟练，车速快慢控制不好。

解决方法：

◎新手在行驶过程中，通过看交通标志或预感快到转弯立交桥前，需要提前向右并线，行驶在右侧车道，提前看转弯导向箭头标志。

◎二环、三环转弯方法是“一右二左”。“一右”是指立交桥第一个口一般是右转弯方向，“二左”是指过第一个立交桥的路口，到第二个口向右转弯盘桥完成左转弯。还需要注意的是，有些立交桥转弯是在辅路上完成的，所以需要在立交桥转弯走右侧车道，有辅路出口时，提前出辅路。

立交桥转弯行驶的规律是“两头慢、中间快”，即入口和出口慢，中间行驶时可以快些。新司机必须在立交桥上多练习才能解决问题。

◎上路前在地图上熟悉一下自己即将经过的立交桥，从哪上去，从哪出来，从哪拐弯，等等，心里要有个初步的印象。

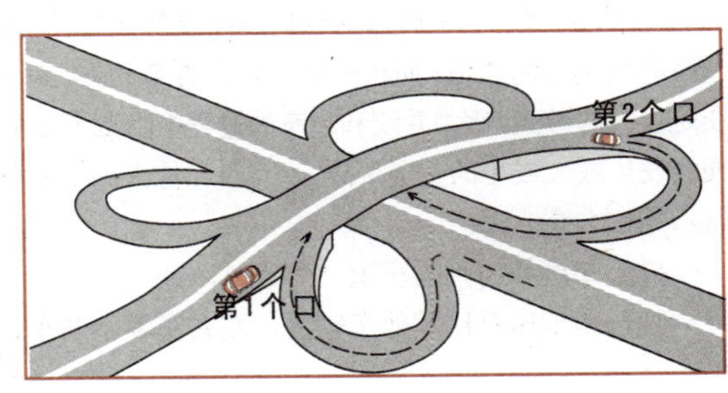

图1—4 “一右二左”

五、害怕“坡起”（图1—5）

新手在实际路面遇有立交桥车辆拥堵时，经常溜车，会害怕。

原因分析：

◎因驾校练习坡起可加速，而在实际路立交桥下坡起时往往前面有车，相距不到1米，所以跟车坡起时不能加速，容易造成熄火。

◎驾校车辆怠速过高，对坡起只是一种初步体验。

◎立交桥下坡起，新司机本身就有恐惧心理。

解决方法：

新司机应知道离合器是有联动点的，坡起关键点在于联动点，不是加速踏板。加速坡起只适合快速坡起。

在无人有坡的地方，好好练习一下“坡起”技术：踩离合器挂挡，慢抬离合器，至车头上调，车身有震动的声音（同时左腿有震感）的时候，轻踩油门加油，稳住，松手刹，两脚保持合适的力度（这个力度要感觉），开始爬坡。“坡起”成功！

反复练习，直到感觉轻松自如。

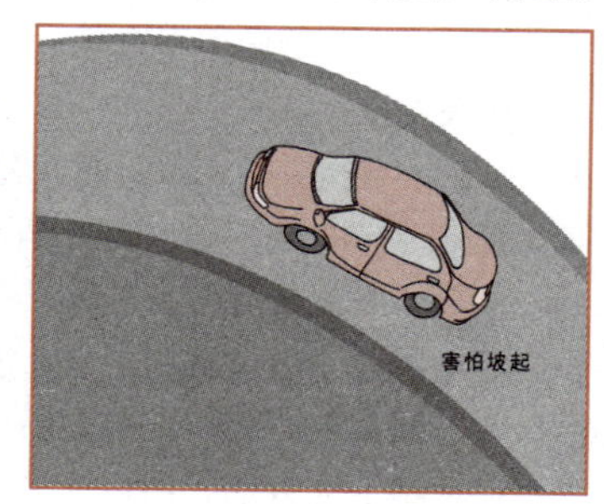

图1—5 “坡起”

六、害怕“并线”和超车

“并线”和超车令不少新手“心发慌手脚忙”。并线时，川流不息的车队、闪烁的灯光、不时响起的喇叭声以及其他驾驶员嘲笑的眼神，都会令新手感到莫名的恐惧；而超车则更是高难度动作，对于新手脆弱的心理素质是极大的考验。因为并线和超车的过程中隐藏了很大的风险，稍有不慎，便会发生或大或小的交通事故，对自己和他人的生命财产安全造成危害。

原因分析：

◎不知道如何判断车道、车距、车速。

◎行车车速总比其他车辆慢，左右车辆不断车，并线困难。

◎缺少道路上行车经验，简单说实战太少。

解决方法：

（1）“并线”：抓住时机，干净利落。

新手在未完全掌握通过后视镜观察后方路况、跟车距离等基本技能时应当尽量老老实实开车，不到万不得已时不要并线。待技术成熟之后，你会发现并线其实很简单。

并线的基本原则就是不能影响其他车的正常行驶，正常行驶的车没有义务和责任让并线车辆先通行，因此不要强行并线。并线时一定要把握好时机，并线动作要干净利落，一气呵成。并线要提前做准备，一定要将车道前后的状况都看清楚再并线，重点看要并入车道里车的行驶情况，诸如该车道内车辆的速度，前方是否有拥堵或减速情况，两车之间是否有足够的距离，后视镜盲区内是否有车辆。并线时先打转向灯，然后加速驶入要并入的车道，完全进入车道后回正方向盘，并将转向灯回位。

（2）超车：头脑清醒，胆大心细。

新手上路一般不敢轻易超车，不同的路段、不同的路况超车，都有不同的驾驶方法。如无特殊情况，尽量从左侧超车。超车时，首先观察左前方，再观察左后视镜及左后视镜死角（盲区），确认安全后，打左转向灯，逐渐切入前方车辆左侧行车道。在接近前车左后方时，可鸣笛提醒前车（在市区禁止鸣笛的地方不要鸣笛）。超车完成后，转向灯复位。如果夜间超车，则用变换远近光的办法提醒对方。超车后根据前方路况决定是继续沿着当前行车道前进，还是汇入原右行车道（如果在高速公路上超车，必须返回右侧行车道）。如果需要返回右侧行车道时，则必须与被超车辆拉开一定距离时，再打右转向灯转换到右侧行车道。

七、害怕主辅路进出口

在环路上，有的进出口主路、辅路是分开的，这种进出口对新司机难度小些；但是还有一部分主辅路在一起的进出口，给新司机带来了难度。

原因分析：

◎车辆拥堵排队，需要反复加减挡几秒钟一次，新手在驾校一分钟减一次挡，现实中的路况是几秒钟踩一次制动，还要踩离合踏板，看着前车，新手会感觉到手忙脚乱，心里会有压力。

◎进辅路时常有公交车、出租车并线向左挤，让行需要减挡给自己造成麻烦，不让行公交司机贴你的车很近，你感觉要撞上了，但公交车司机仍然向你车方向靠，作为一名新手不害怕的人没几个。

◎进了主路入口后要让主路车辆，主路左侧直行车几分钟不间断地过车，新手会感觉到自己的眼慢、手慢、脚更慢。

解决方法：

◎先到一般路况道路上练习，减速倒脚，车速快时，先刹后离，车速慢时先离后刹，再练减速时，踩制动快而轻，再松制动，做到二挡或一挡，熟点后三四五挡，三秒钟踩一次制动松一次制动共3次。不踩离合器踏板，车辆接着走。对跟车方面会有进步，免得总减挡不容易跟上前车。

◎如果遇到右车向左并线，如果不让要果断，提前做出走的动作，或加速，或不减速，这样右车知道后不敢再抢行。

◎当车速稍快时，预感有车辆要并线，提前发出信号，避免他车突然并线，使你会打方向挤其他车辆。

◎进主路入口后，车辆已斜至30°角左右，前方车辆慢，需要把挡位减好，加速、减速反复用，向右动方向，再向左动，向右动方向，加速动方向配合方可安全进入主路。

以上问题，都是“王师傅”从历届陪练的学员共同存在的一些问题中提炼出来的，它代表了部分“准司机”们上路前的心理状态。

但是，经过一段时间有的放矢的训练，学员们绝大多数实现了最初考驾照的想法，自己“轻松上路”了。

附件：新司机的几种想法和王师傅点评

新司机的几种想法：

◎认为自己在驾校驾驶得很好，到实际路面行车也应该没什么问题。

◎认为有家人、朋友陪驾，可以放心大胆地上路驾驶。

◎认为可以直接找陪练公司陪练。

◎认为自己在驾校练车时就差，实际路面的情况比驾校复杂多了，心里有些恐惧。

◎暂时还没有打算开车，需要驾车前再练习。

王师傅点评：

第一、二种人的乐观态度值得新司机学习，即使在实际路面出现一些问题也无大碍，只要敢于在驾车中实践、善于摸索、纠正驾驶中的弱点、不断提高安全意识是可以安全驾驶车辆的。

第三种人很坚决地找汽车陪练公司，说明有决心把车练好，心理压力已减轻，也是可行的。

第四种人要向前三种人学习：要向第一、二种人学习的乐观态度，实际路面的情况虽然比驾校复杂，但每年仍有十万至二十万新司机能够独立驾车上路行驶，因此要有信心，相信别人能做到的自己也一定能做到；还要学习第三种人的坚决，先调整心情，建立自信心，才能走出实际路面驾车的一步。

第五种人的想法也是正确的，在平时坐车多观察道路上的行车规律，知道一些行车方法，熟悉一下行车路线，也是为以后驾车做准备。

2

第二部分

熟悉车况、培养路感
——上路第一步

一、坐姿与安全行车

二、操控装置及其使用方法

三、利用反光镜判断车道、车距、车速

四、八种不良习惯与校正方法

五、独特的起步与停车方法

六、城市交通左右转弯的特点

七、如何判断非机动车和行人的动向

八、正线调轮，感知车速，定位减挡

九、环线进出主、辅路

十、环线辅路行驶

十一、安全行车“八不跟”

十二、如何判断哪些辅路可以走

十三、哪些地方可以停车

附件1：女司机的练车计划

附件2：是否能独立驾车自测

一、坐姿与安全行车（图2—1、图2—2）

坐姿的正确与否，将直接影响到司机的安全。有些司机为了图一时舒服，喜欢将背靠在椅背上，这样是不安全的。正确的坐姿是将腰部顶在靠背“工”形处，然后带上安全带。这样，即使发生了交通事故，也不至于把司机甩出车外。

图2—1 错误的坐姿

图2—2 正确的坐姿

二、操控装置及其使用方法

（一）方向盘的使用方法

1. 手握方向盘的位置

新司机可根据自己的身材选择适合的位置，双手轻扶在方向盘的10～15点（相当于钟表的10点、15点的位置，以下同）之间，如图2—3。

2. 方向盘的转动（图2—3）

（1）以左手为主用力开始转方向盘到15点位置，如不需要再转，右手松开，再扶原位，左手回原位。如需要继续转动，则右手到10点位置接替左手，转到原15点位置，同时左手回10点位置，继续向右转动方向盘。

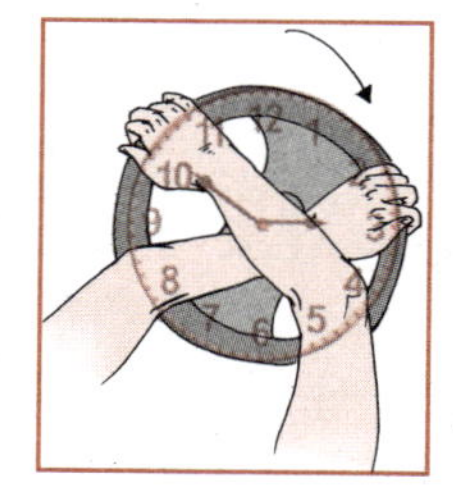

图2—3　方向盘的转动

（2）方向盘回位要领（图2—4）

方向盘回位时，向相反方向转动和打方向盘的手法一样。需要注意的是方向盘在回位的时候有自动回位性能，这时双手不可以同时松开方向盘，可以松一下再扶一下。

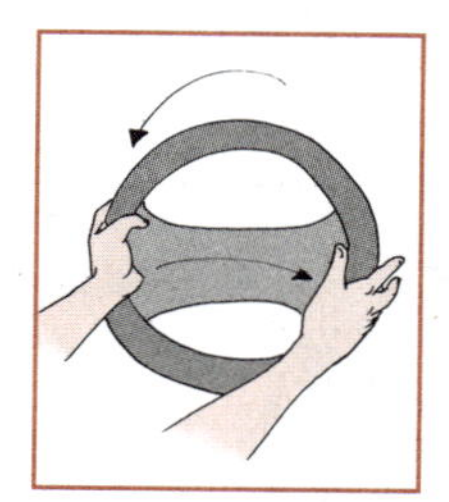

图2—4　方向盘回位

（二）加速踏板的踏法（图2—5）

1. 当在座位上坐好后，找好适合位置，将右脚脚跟置于地面正对踏板。

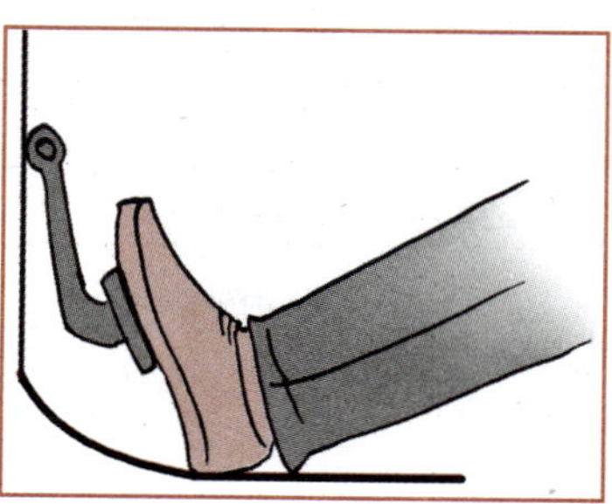

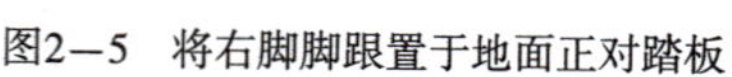

图2—5　将右脚脚跟置于地面正对踏板

2．以脚跟为轴，脚尖稍向右倾，用前脚掌轻踩踏板。新司机应边听发动机声音，边增大踩踏力度，逐渐就会掌握踩加速踏板的规律。（图2—6）

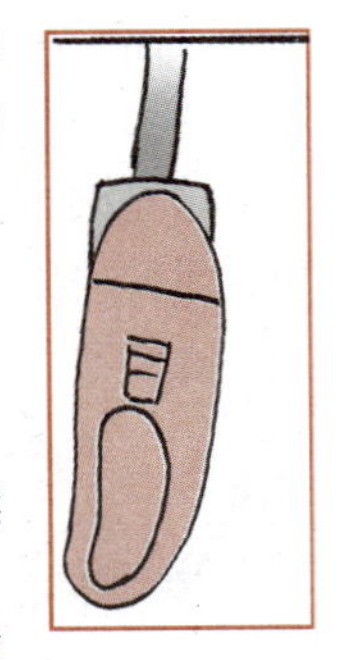

图2—6　以脚跟为轴，脚尖稍向右倾

若加速踏板使用方法不正确，会造成以下几种情况：

◎造成发动机过度磨损，积炭过多，水温过高，燃料浪费等。

◎发动机转速加速太多而不加挡（俗称抵挡拉高速），会造成很大的安全隐患。

◎不是用发动机控制车速，不利于安全行车。

（三）制动踏板的操纵性能

1．制动踏板（图2—7）

制动分为气压制动和液压制动两种，小客车大多数是液压制动的。踩制动踏板必须是条件反射式，需要快时则快但是踩得要轻；需要慢时则慢，踩后需要抬一点再踩。制动踏板不允许侧踩，以免发生危险。在停车时不能一下将制动踩至底，“早踩常磨”，既安全又舒适。

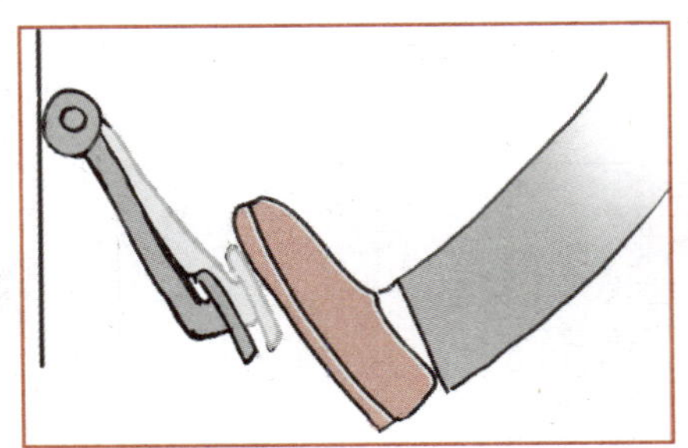

图2—7　“早踩常磨”

2．重踩制动的危害

重踩制动会使发动机以及车身受到了强烈的震动从而有损汽车寿命，同时对制动盘、制动片等有较大的损害。重踩制动容易引发追尾事故。

（四）离合器踏板使用方法

1. 选择适合的踩踏位置（图2—8、图2—9）

用左脚趾跟部和脚掌踩踏离合器踏板。踩离合器踏板应一次到位，回位时自然地将膝盖部慢慢上抬。

图2—8　用左脚趾跟部和脚掌踩踏

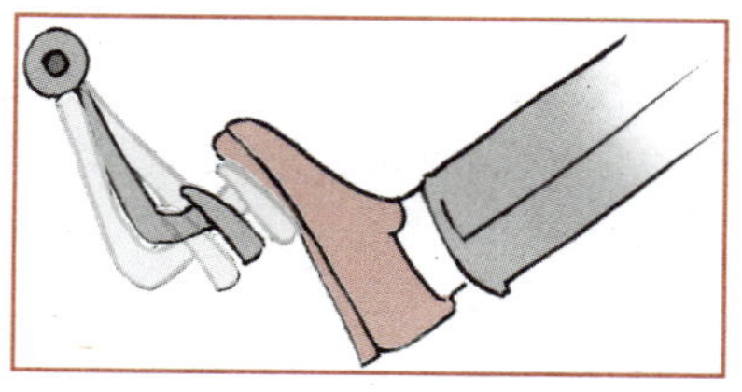

图2—9　回位时自然将膝部慢慢上抬

2. 离合器的作用（图2—10、图2—11）

离合器用于起动车辆和加减挡时传输与分离动力，保证加减挡平稳。踩下离合踏板，离合器两部分分离，发动机动力不传递给驱动轮；抬起离合器踏板时，离合器两部分接合，发动机传递动力给驱动轮。

图2—10　离合器两部分分离

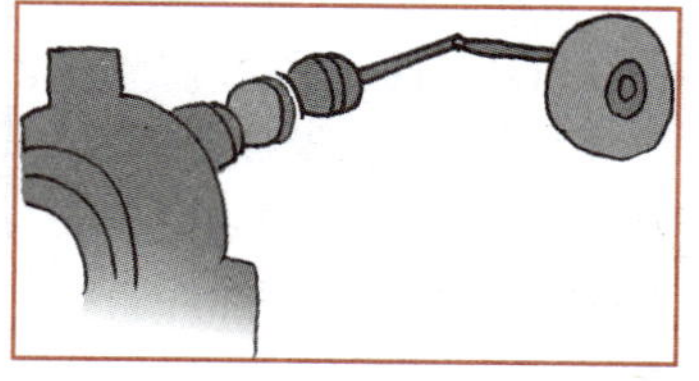

图2—11　离合器两部分结合

（五）变速杆的使用方法（图2—12、图2—13）

1. 换挡时必须将离合器踩到底否则会造成发动机空转。

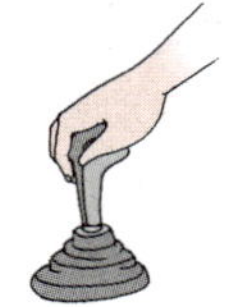

图2—12　变速杆

图2—13　换挡时必须将离合器踩到底

2. 动作要小，要轻挂挡，不要特意向身边推拉。（图2—14）

图2—14 动作要小，挂挡要轻

3. 如果加一挡或倒挡困难，可踩离合器踏板，先加其他挡位，再重新加一挡或倒挡。

4. 当汽车以高速行驶时，如果发动机声音降低，同时汽车抖动，这表明用高速挡行驶动力不足，这时，必须挂低速挡。（图2—15）

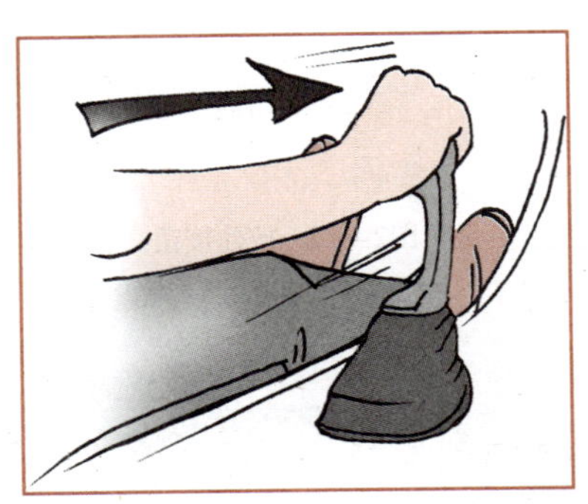

图2—15 汽车抖动时需减挡

（六）驻车制动器（手刹）的使用方法（图2—16）

驻车制动器用于停车或坡起路段启动。驻车制动器分为手制动和脚制动两种，一般车辆多安装手制动驻车制动器。驻车制动器安装在驾驶室底板挡位的后侧。停车时手刹需要一下抬到位。

图2—16　停车时手刹需要一下抬到位

需要松手制动时，按住上边的按钮，稍向上抬一点，然后松到底即可。（图2—17）

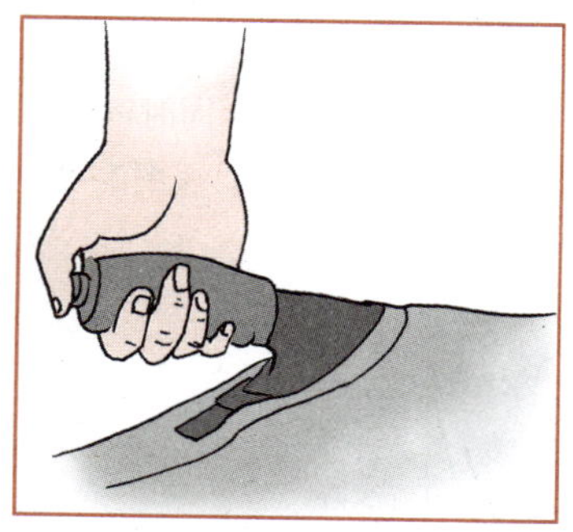
图2—17　按住按钮

小贴士：什么时候需要用手刹？

◎在长时间停车时；

◎在遇到信号灯时；

◎在弯路停车；

◎在上下坡途中停车。

（七）发动机的点火、熄火方式

1．电喷车不需要踩加速踏板点火

启动点火开关时，应踏下离合器踏板，顺时针向右旋转并停留1秒钟，启动后松手。如不能起动也要松手，不允许继续打火，需要间隔15秒后重新点火，否则对电平、马达等有损害。（图2—18）

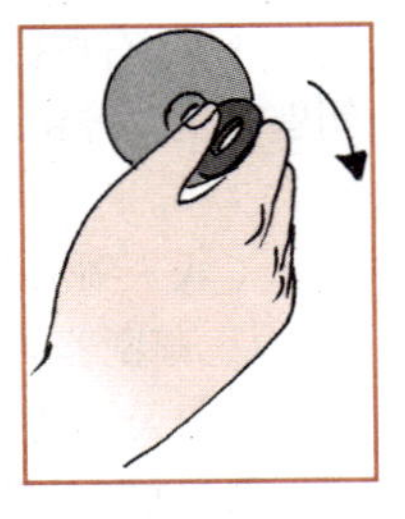

图2—18 顺时针向右旋转

发动机点火时如果遇到钥匙转不动的情况，是因为方向盘装有自锁装置，需要左手转方向盘、右手转动钥匙，解除自锁装置。（图2—19、图2—20）

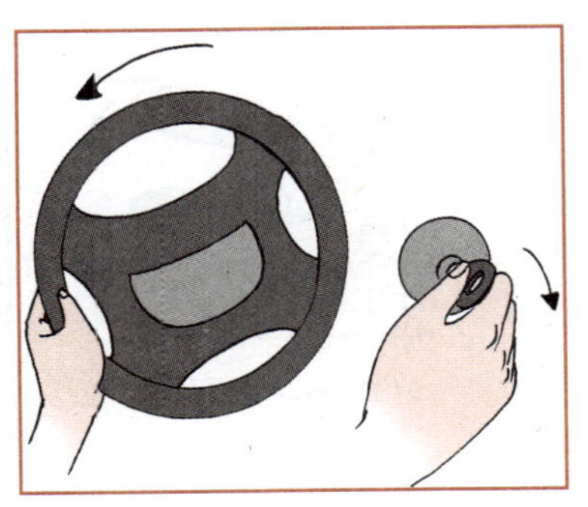

图2—19 转动方向盘同时转动钥匙

图2—20 确认驻车制动杆是否拉起

着车时应确认驻车制动杆是否拉起。

2．发动机熄火方法（图2—21）

将点火钥匙逆时针向左回位，发动机就会熄灭。

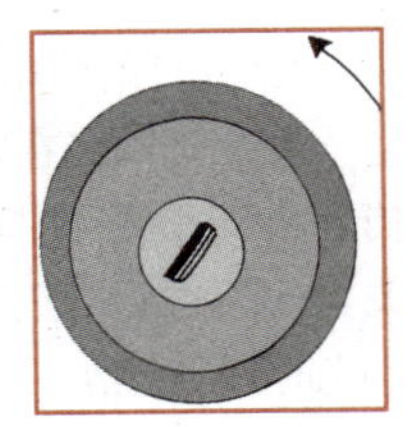

图2—21 逆时针回位

3．拔钥匙的方法

（1）将钥匙逆时针向左回一下，当钥匙转不动时，需要一边轻转方向盘一边转动钥匙。

（2）有些汽车在拔钥匙时需要往下压一下才可拔出，还有些汽车钥匙有机关按钮，多在点火开关下边。

（八）刮水器、双闪大灯开关

1．雨刷器的使用（图2-22）

在雨天行驶中使用，使用的挡位大小根据雨水大小不同而选择。

向上方扳动开关（或按下开关按钮）清洁液喷出，能将汽车玻璃擦洗干净，无水时不能使用刮水器，否则会刮伤玻璃。（图2-23、图2—24）

图2—22　雨天使用雨刮器

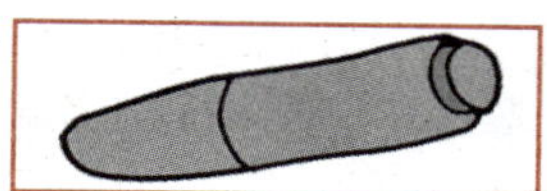

图2—23　喷出清洁液按钮

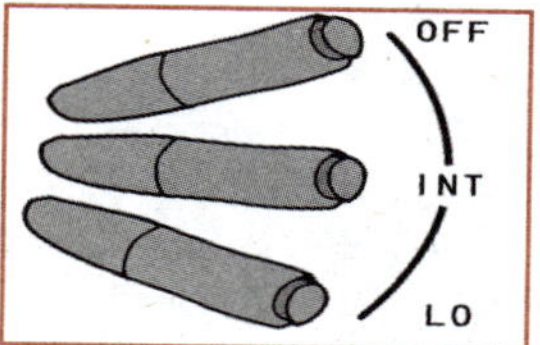

图2—24　雨刮器挡位

2．双闪（危险警示灯）的使用

按下双闪按钮时汽车左右转向灯同时闪亮，在临时停车或车辆有故障时使用，以警告或提示后车。

3．喇叭的使用

喇叭是为了警示或提示对方或者行人危险。

4．大灯的使用（图2—25）

大灯开关多在转向灯左边，向前一挡是小灯开关，再向前第二挡是大灯开关。当需要远光切换时，向上抬一下，回远光时再向上抬一下。

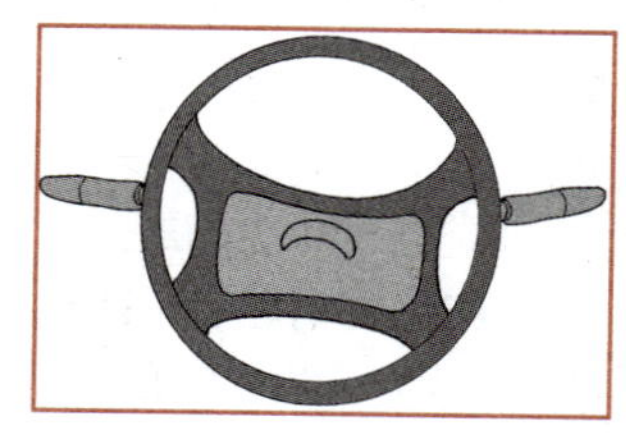

图2—25　大灯开关

（九）仪表盘的识别（图2—26）

新司机应该了解各仪表名称，知道其功能。驾驶员在行车中要不时观察仪表盘，确认汽车行驶中发动机运转是否正常，如果警示灯（红色）亮起，应该停车检查。

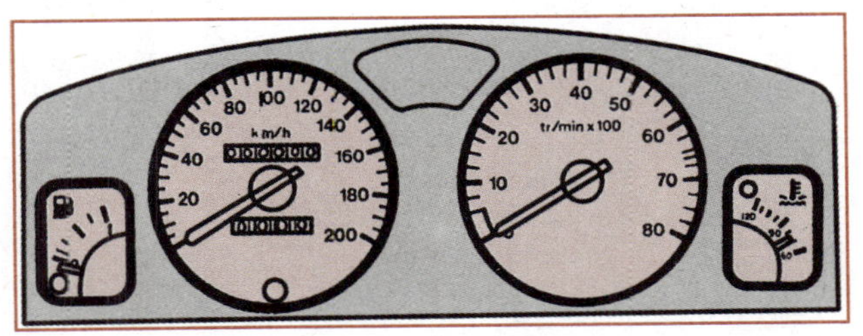

图2—26　仪表盘图示

警示灯的种类：

驻车制动警示：手刹制动失灵时灯亮；

机油警示：发动机内的油压状态异常时灯亮；

充电警示：充电有异常时灯亮；

车门未关报警：汽车车门没关到位时灯亮；

温度过高：冷却装置的温度过高时灯亮；

燃料余量：燃料余量少时灯亮。

三、利用反光镜判断车道、车距、车速

1．反光镜调法

将反光镜调至在内侧能看到后门拉手即合适。

2．利用反光镜判断左右车道（图2—27）

如果把反光镜镜面平均分为三部分，那么，内侧1/3用于观察本车道的汽车，中间1/3用于观察旁边车道的车，外侧的1/3用于观察相隔车道的车辆。

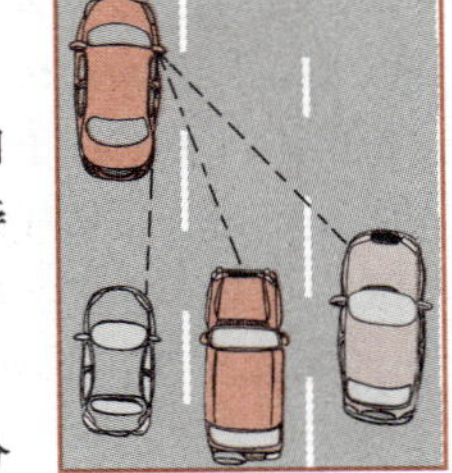

图2—27　将反光镜镜面平均分为三部分

3．利用反光镜判断车距（图2—28）

如果从反光镜里看到后边车的一个大灯，说明后车距离你很近，如果能看到两个大灯，说明后车距离你较远。

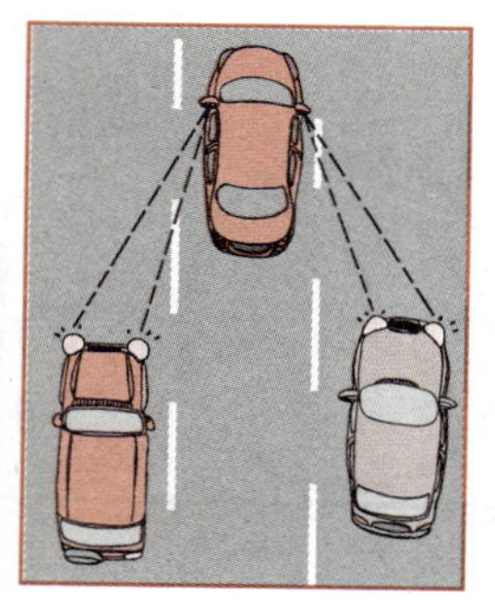

图2—28 利用反光镜判断车距

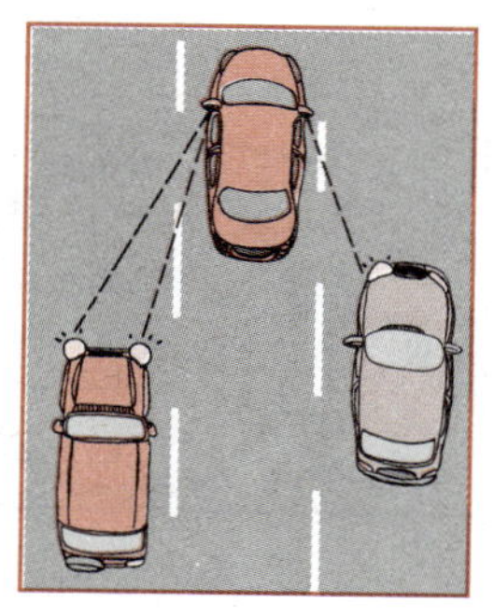

图2—29 利用反光镜判断车速

4．利用反光镜判断车速（图2—29）

当看到后车两个大灯迅速变大时，说明后车速度比你的车速要快。

四、八种不良习惯与校正方法

（一）加减挡低头看挡

新司机在行驶中往往出现在加挡减挡时低头看挡的现象。这是因为新司机对驾驶车辆的挡位不熟悉或由于害怕挂错挡的心理作用造成的。如此时间长了就会养成一种低头看挡的不良习惯。（图2—30）

图2—30 低头看挡

解决方法：

1. 不起动车，先练习加减挡，一挡到五挡各一百次。当在实际路面行驶时，加减挡要几千次才能基本熟练。

2. 调整心理状态。加减挡没挂上没关系，汽车仍然在行驶中，再慢慢加减挡。

（二）熄火不踩制动（图2—31）

可以说熄火不是什么大问题，不会存在安全隐患，可不踩制动就容易溜车，有可能造成安全隐患。因为熄火跟前方可能存在阻力有关，因此即使在平坦的地面上也应该养成熄火踩制动的习惯。

具体做法是：第一，熄火后，心里不要紧张，沉住气，只要把制动踩下（或者拉起手制动），挂空挡行了。

图2—31 熄火不踩制动

第二，再起动时，一定要踩离合器，如果路面坡度很小，可轻抬离合器，车稍有动静就可马上松制动，以免再次熄火。（图2—32、图2—33）

图2—32 再起动车时应踩离合器

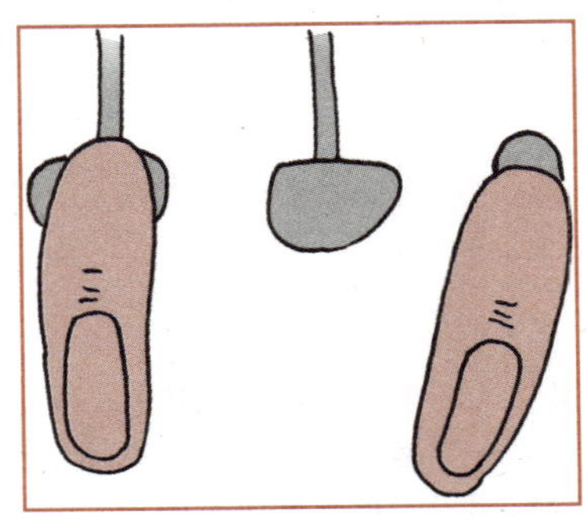

图2—33 再起动车时应踩离合器

（三）遇红灯停车时不摘空挡（图2—34）

有些新司机在路口遇到红灯亮停车时不摘空挡，而是踩住离合器，这种习惯是不好的。

图2—34　踩住离合器不摘空档

原因分析：

◎怕起车时跟不上前方车辆；

◎觉得很省事。

这种行为存在着一定的危害：

◎不安全。容易忘记，在抬离合器时汽车会向前窜一下，会给自己、行人、相临车司机造成恐惧甚至伤害。

◎停车时踩住离合器，不仅使脚很累，而且会使自己和乘车人感觉紧张。

◎对离合器产生不良影响，使离合器容易打滑、离合器片过热。

> 小提示：
>
> 起车的快与慢与使用离合器的水平有关系。其实，加挡很省事，如果想快点起车，可在看到相邻路口绿灯变为红灯时提前2秒钟加挡就可以了。（图2—35）

图2—35　提前加挡

（四）一挡起车不抬离合器（图2—36、图2—37）

一挡起车不抬离合器就加二挡，这是一部分新司机的习惯，还有少数司机二挡不抬离合器加三挡，这也是一种不良习惯。当一挡起车时必须达到一定速度后再换二挡，即一挡起步后抬起离合器，待车速达到一定速度后再踩下离合器换二挡。

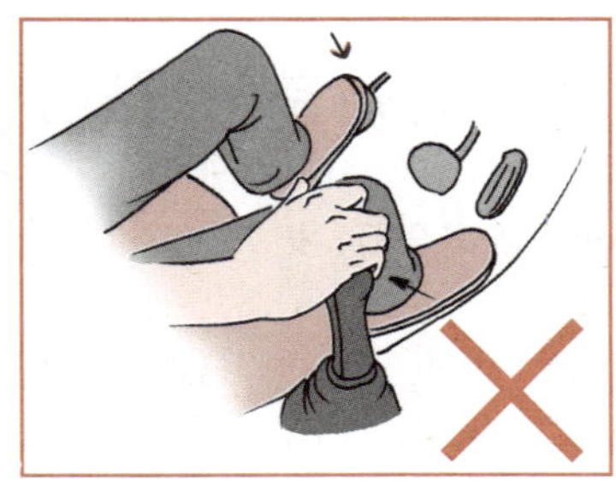

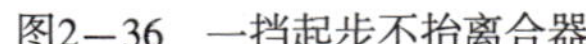
图2—36 一挡起步不抬离合器

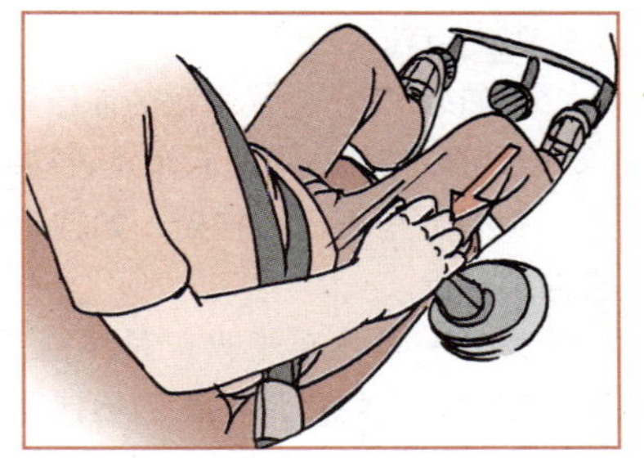
图2—37 起步后应抬起离合器

原因分析：

◎认为加挡快，便于跟上前方车辆；

◎离合器接触点用不好，或左右脚协调不好。

小提示：

在拥堵的道路上行车，只有车速低于一挡时可以用离合器联动点，二挡严禁使用离合器联动点。

新司机需要反复练习使用一挡离合器联动点才能改掉不良习惯。

（五）是否熄火判断不清

有少数司机在车多、人多、噪音大的地方，特别是在小路转弯时，汽车熄火未熄火判断不清。在没有熄火时打点火开关，这对起动机损害很大，要特别注意。（图2—38、图2—39）

图2—38 没有熄火时警示灯不会亮起

图2—39 熄火后警示灯会亮起

判断方法：

◎如果车熄火，仪表盘的油压灯和充电警示灯两个红色灯会亮起。

◎可以稍加一点速看车是否移动。

◎感觉是否已经挂挡，如挂着挡也没踩离合器，熄火之前汽车就会向前窜行。

另外一旦汽车熄火，是不能靠离合“凿车”的。“凿车”就是在下坡时遇到熄火情况，仍然挂着挡位，利用汽车的惯性松离合器点火，这样既危险又对发动机件有损害。

（六）遇到井盖先打方向（图2—40）

有些新司机遇到前方有井盖或砖头等障碍物就猛打方向盘，这是最危险的。打方向盘一刹那没来得及看左右反光镜，容易造成交通事故。

原因分析：

◎新司机遇到的情况少，没有经验。

◎遇到情况心里紧张想马上躲开。

◎以前遇到情况就打轮习惯了，对处理情况概念化。

解决方法：

◎如果前方车辆挡住了视线遇到井盖应先踩制动，再看反光镜。如旁边有车，待机会再并线过去。如果障碍不大，降低速度通过也相对安全。

图2—40　遇到井盖时猛打方向

◎如果离障碍物有10米以上，只需稍动方向盘就会避开，这样做会安全些。

（七）起步先动方向盘

新司机往往在汽车还没起步时先动轮，或是刚起步就打方向盘，这是一种不良习惯。

当汽车刚起步时，自行车会比汽车快，此时动方向会造成危险，一旦发生事故将会非常严重。

小贴士：

“一挡、二挡不动轮、三挡进入车行道”。在起步时应该做到尽量不要动方向，起车后只动一点方向危险小。

（八）起步快速加挡（图2—41）

一部分新司机认为快速加挡就能起车快，这样是完全错误的。快加挡和起车快慢没什么关系，起车快慢跟车的好坏、离合器运用的水平高低有关系。

快速加、减挡首先对发动机变速器有损伤，发动机在动力足时加减挡能够使发动机良性循环。

快速加、减挡对变速器损伤更大，变速器的小齿轮与大齿轮在加减挡时有一个转速齿轮结合时机，慢加、减挡才能掌握好这个时机。

图2—41　掌握时机慢加、减挡

五、独特的起步与停车方法

在城市拥堵路段，停车起车，是一个不小的问题。如何能安全起车呢?

如果前方10米无障碍，左侧行人、自行车不断，还要使汽车安全起步，这有些难度，需要掌握一定的要领。

（一）起车不动轮（图2—42）

起车不动轮是指以一挡起车大胆加二挡并提速，在此过程中始终保持不动方向盘，持续5～10米远，这样起车既安全又快速。

例如，A车在自行车道上起车很快，但无危险，原因是汽车速度比自行车快，速度快不动轮反而很安全，如果速度慢再动轮就有撞人的危险。待起步后继而可以加二挡，再加速，很安全就能摆脱左边的行人，并入汽车道。

（二）起车动满轮（图2—43）

车辆在路边停靠时间久，就会遇到在自己车辆的前方停有其他车辆的情况，那么如何在前方有车的情况下安全起车呢？这就需要起车动满轮。

从A司机的位置能看到B车尾部保险杠，那么理论上就能确保从B车身后安全绕过。只要把方向打满就能做到相对安全，而不会只注意前方的汽车而忽略了左侧的行人和车辆了。

此时应将方向盘打满，轻踩离合器踏板使之处于半联动状态，只看左侧，一点一点向左移动。当确认右车头即将驶出时，可以向右慢打方向盘，就不会与前方车辆发生剐蹭。在进行此项操作时禁止原地打轮，否则汽车将向右移动而产生危险。

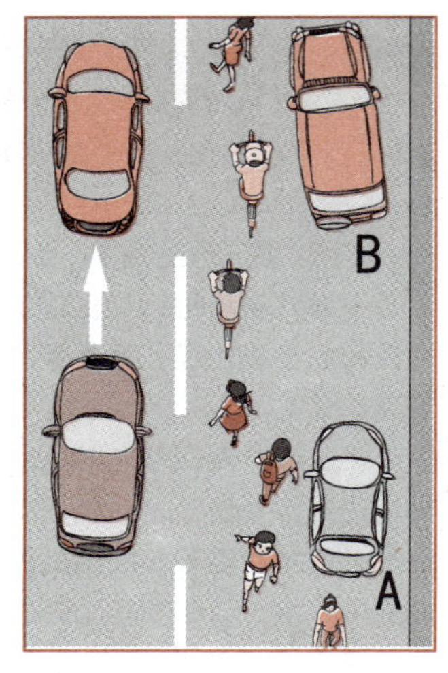

图2—42 起车不动轮

（三）起车确认安全方法（图2—44）

前面说到在看到车头出来时向右打方向，此时一般很难准确把握尺度。那么我们如何能够确认在前方有车辆的情况下起车动满轮是安全的呢？

这时应确保在驾驶员位置看到右车门车窗的中间位置对准前车后保险杠上尾灯的位置，也就是当司机、右门窗、尾灯三点成一线时，再向右打方向盘。

当车辆到达B车位置，不要急着向左打方向，仍需让汽车向前方移动到C车位置，再进入机动车道才安全。

图2—43 起车动满轮

（四）起步时如能看到前车轮胎则不需要打满轮（图2—45）

如果前方有停车，但距离比较大，这时就不要打满轮。一般情况下能不打满轮就不打满轮，因为轮胎横向时会增加汽车的阻力，给使用离合器联动点带来难度，但怎样判断前方的车距呢？

A1车司机坐在座位上，保持上体正直，只要能够看到前车后轮胎下的地面，这时可推断出距离前车约2.5米，不用打满方向盘就可安全起步。此时虽然距离前车稍远，但起步时仍然要少量占用自行车、行人的道路，因此仍需要在右侧车头驶出后贴着右边的车走才安全。

图2—44　起车确认安全方法

小贴士：

起车顺序是“一灯”“二挡”“三刹”“四镜”“五方向”。“一灯”是指打转向灯，“二挡”是指第二个步骤是挂挡，“三刹”是指松手刹，“四镜”是指看反光镜，“五方向”是指少动方向盘。

按照顺序起步，才是好习惯。

图2—45　起步时距离前车较远可不用打满轮

（五）停车方法

1．停车“快打慢回”（图2—46）

停车时距离边道过宽是违章的。这是因为如果汽车在停车前距离路边距离较大，自行车和行人有可能会从汽车右边通过，很容易引发交通事故。汽车停车和起车同样没有路权，路权属于正常行驶的车辆和行人，所以要格外小心。

一般汽车道离马路边约2～3米远，“快打慢回”靠马路边可近些。“快打”不是“猛打”，它意思是如果需要右打10°回5°，则可以用1秒钟向右打，用2秒钟慢回，汽车才能更靠右一些。

A车“快打快回”离马路边1米。

B车“快打慢回”就会比较靠近路边。

C车前方有停车的空间和距离要少动方向盘,. 斜线停车。

停车要点：

观察地形选好点，打完标灯前后看，收油门，车速慢。一舵右打进车头，二舵左打慢回进车尾，车头离点1米远，三舵右调回正位，车正轮正对正点。

2. 在有行人、车辆时的停车方法（图2—47）

A车现在车速20公里/小时，车速与行人相同，如果后面没有尾随自行车，此时停车是安全的。如车右后尾部有自行车，这时停到原先的位置

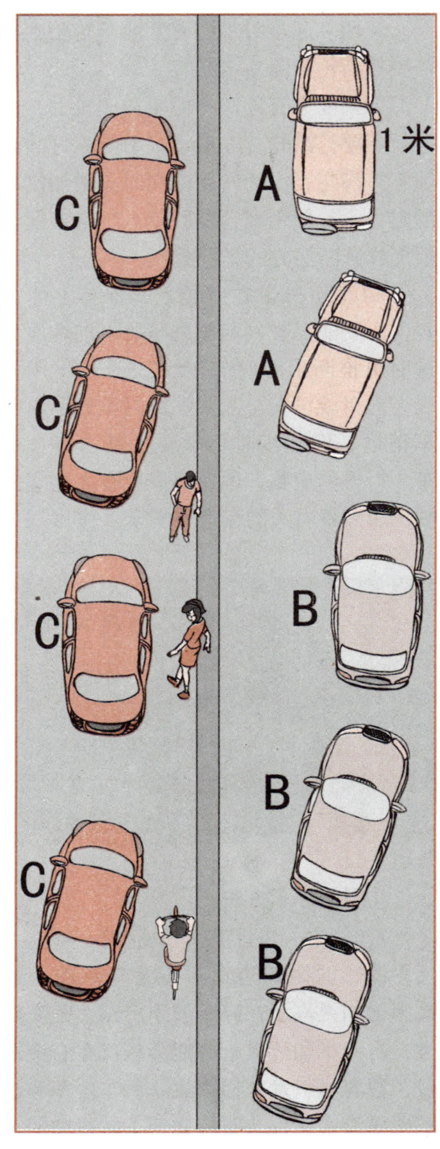

图2—46　停车“快打慢回”

则不够恰当，应减速停到自行车后边或是加速到B位置，停到行人前边。

3．特殊情况停车（图2—48）

交通法规规定坡路不准停车，但是当汽车存在故障时不得不停车。一旦感觉汽车要熄火了，一定不要马上停车，这时只能借汽车的惯性滑行至路边，否则停在路中央会造成更大的麻烦。

如图所示的坡道，没有特殊情况不要在这里停车。如车有故障可寻找坡下边适合停车的位置。当确定后边没有什么情况时，可使汽车滑行减速停车。注意在坡道上、夜间、盲区死角停车都会存在危险，需要开双闪灯、在距离车尾部50～100米处立临时停车牌。

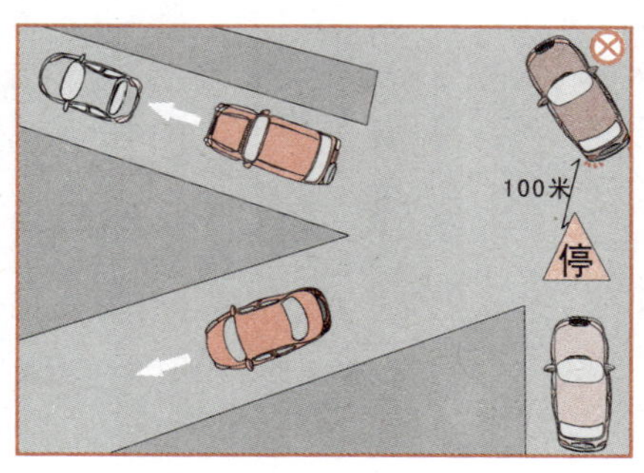

图2—48 特殊情况停车

图2—47 在有行人、车辆时的停车方法

4．停车时是否紧跟自行车行驶（图2—49）

在车辆畅通的地方停车时，不可以紧跟自行车行驶。A车紧跟自行车，靠路边停车会有危险，应到B位置后停车。

在车辆拥堵路段，可以紧跟自行车行驶，C车如果不敢跟在自行车后行驶，此时停车会造成交通堵塞。

当汽车以低速度跟着自行车行驶，并将距离保持2米远时，可以保证安全。

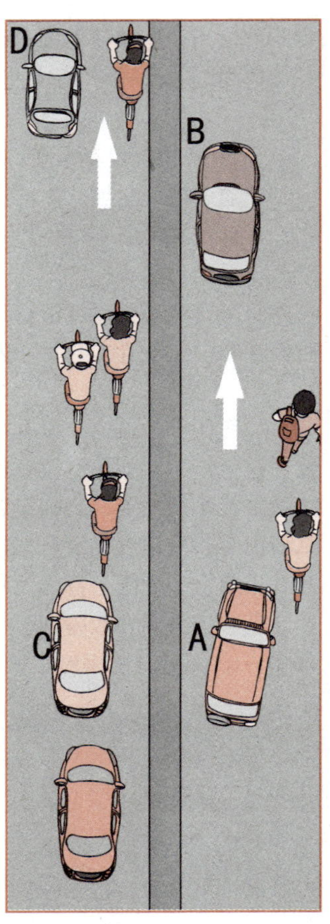

图2—49　是否紧跟自行车行驶

六、城市交通左右转弯的特点

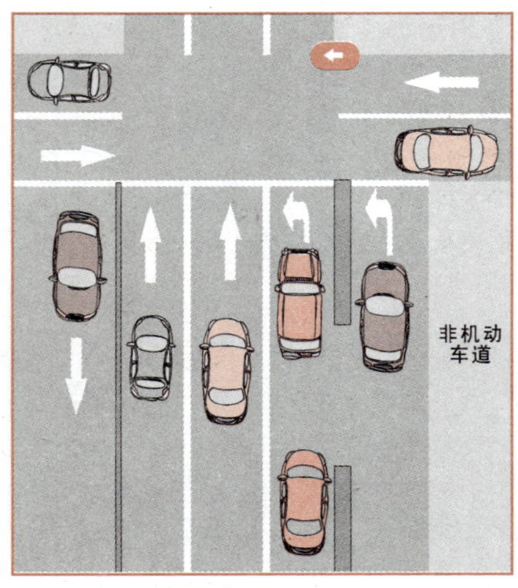

图2—50　左转弯

1. 左转弯车道在右侧（图2—50）

交通标志所在地点更新得很快，已有一少部分左转弯标志在右车道，也有些在右边辅路上，需要新司机提前出辅路左转弯。

2. 在路口遇到左转弯箭头信号灯情况的处理

这种情况应注意前方不会有待转区，当对面直行灯变红时，左转弯绿灯放行。

3．在路口遇到右转弯箭头信号灯情况的处理

有些右转弯车道需要提前出辅路右转，标志一般在离交通信号灯十几米处。A车驾驶员提前十几米看到右转弯的标志，进入了右转弯车道。

小贴士：

判断非机动车道是否能走，需看有无机动车道实线。B_2司机提前出主路，走非机动车道是违章的。交警虽然不纠正，那是因为非机动车道有车位，但如果B_2车司机和行人、自行车出现交通事故是要负全责的。（图2—51）

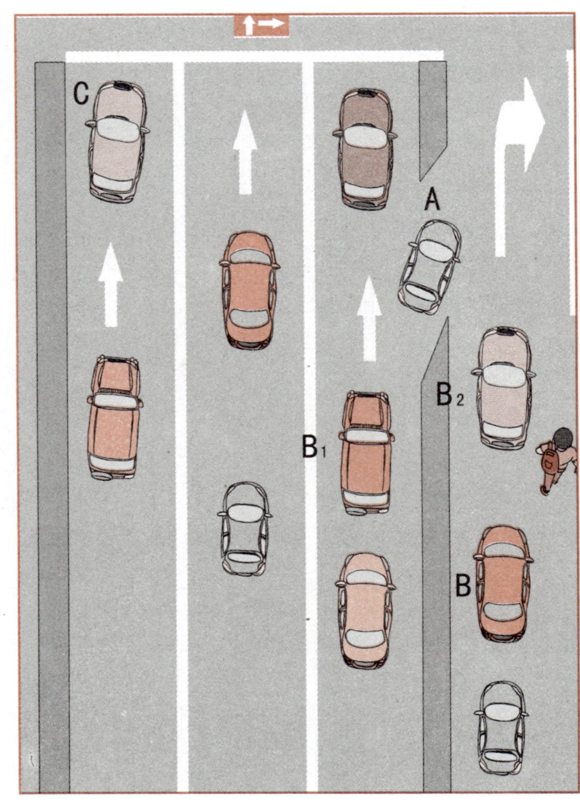

图2—51　右转弯

七、如何判断非机动车和行人的动向

1.在环路、辅路行驶（图2—52）

刚开始驾车时，在环路、辅路行驶，会感觉右侧的自行车和行人离自己的车很近，担心他们随时有突然走过来的可能，所以不敢贸然行驶。

判断行人的动向，首先看看是否有人行横道。如A车看到有几个人要向人行横道走，这时汽车是二挡，约15公里/小时，应当让行。B车右边的行人一般是不会向左走的，如果他要到公交站，事先一般都会有所动向，例如看一下左边或是斜着向左走。至于B车到环线主路出口，如有车辆出来应该让行，辅路车要让主路车。

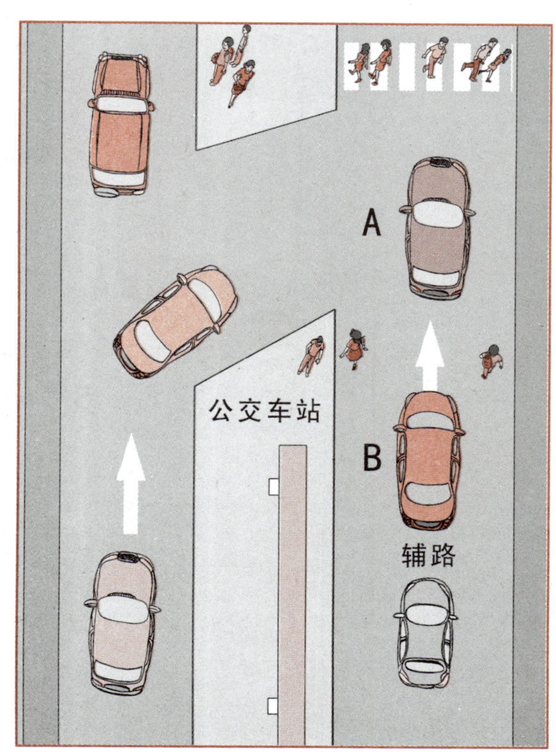

图2—52　在环路、辅路行驶时判断行人动向

2.最好走右侧的第二道（图2—53）

新司机开始驾车时，遇到行人往往不知道怎么处理才好。所以，当在三、四条车道线中时，最好走右侧的第二条道，因为左右各有一辆车帮你处理情况，你只需跟着左右车辆的节奏走就可以了。A车看到两个人在向左走，即使在车速比较快时也需要让行。B车看到两行人，如果两人走起来向左看，说明要过马路，如向前看，自己就可以通过。B车看到行人先看他走不走，车位置离行人有多远，只要行人不是跑，自己就可以加速通过。C车遇到的人向你车方向看，可能是在打车，你可以通过。

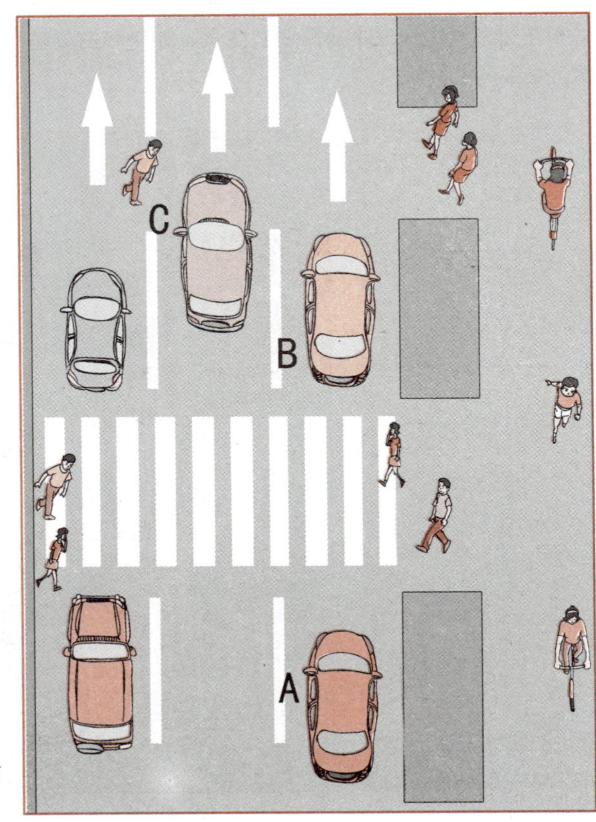

图2—53 走右侧第二条车道

八、正线调轮，感知车速，定位减挡

1. 错误的行车位置（图2—54）

A车司机是新司机，驾驶的车辆已偏移至左半边车道仍然感觉离右边行车线近，这是新司机对汽车右边距离判断的失误，必须进行校正。

一般汽车行车道宽为2.5米至3米，汽车的宽度为1.80米左右，A车司机离左边行车线约20厘米，离右边车约1.5米。现在B车C车要超车，由于新司机对距离右侧行车线的宽度没有概念，容易向左打轮，从而发生危险。

因A车处于向左并线位置，因此A车是“让一方，挤一方”，如果和左边车发生交通事故需要负全责，如果和右侧超车的车辆发生剐蹭，也会产生争议。

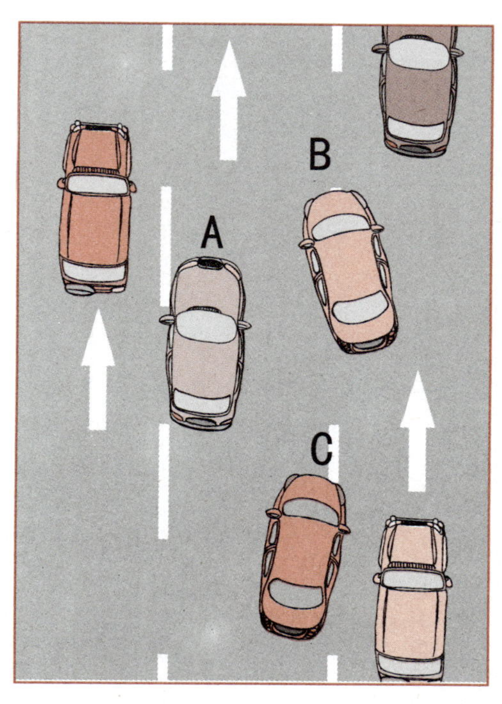

图2—54　错误的行车位置

2. 正线调轮（图2—55）

A_1车驾驶员位置是两边线的1/3，是一条直线，是正确的。

A_2车离B车约0.5米，却离C车约1.5米，所处的行车位置是错误的。

校正方法：

新司机可以在无车的道路上停车，自己到车的右侧观察一下。或者遇红灯停车时开一下左车门，看看离左边行车线的距离。如果向左斜得不是很大，应将右手或右腿对准两条线中间，或对准直行箭头进行校正。

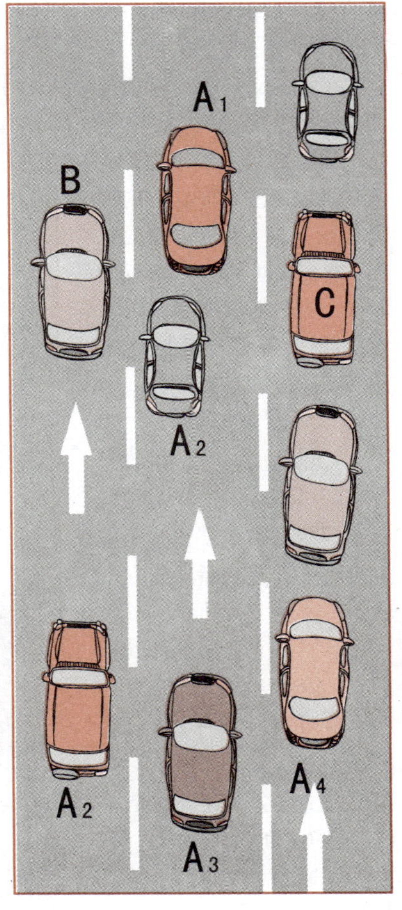

图2—55 正线调轮

小贴士：

驾驶车辆时，要往远看不要只看到眼前的车，看得越近越容易发生偏差。

3.感知车速（图2—56）

对车速度的判断是新司机要面对的一个难题。只有能感觉到自己车速的快慢，才能掌握安全车距。一般中低档汽车，一挡不加速比行人快，二挡不加速比自行车慢，稍加速比自行车快，三挡不加速比自行车稍快，三挡约30公里/小时，四档约40公里/小时，五档约50公里/小时。但上坡时同样车速减一挡，下坡时则需加一挡。

新司机应建立如下的概念：一般情况下低速时与前车距离比老司

机与前车留出的距离多1个车位，中速多2个车位，高速多3个车位，这样才能保证安全。

当看到前方车离自己的车辆距离远了，而前方的车辆也没减速，就可以加油挂挡。如A_1在离前方车辆近的时候，应该减速，如果前方车继续减速，则需要减挡，C车应该减速，B车应该减挡。

4.判断车速（图2—57）

新司机首先只有明白自己车辆的行驶速度，才能通过自己的车速判断出前方车辆的车速。

参照以下方法也可以对前方车速做出提前判断：

◎眼睛应扫视3条车道的车，左右车道减速了，本车道马上也会减速，这是环线连带关系的规律。

◎通过刹车灯的熄灭判断前方车辆的减速加速情况：减速时从A车位置可以看到几辆B车的刹车灯亮；如刹车灯熄灭，则可以提速。

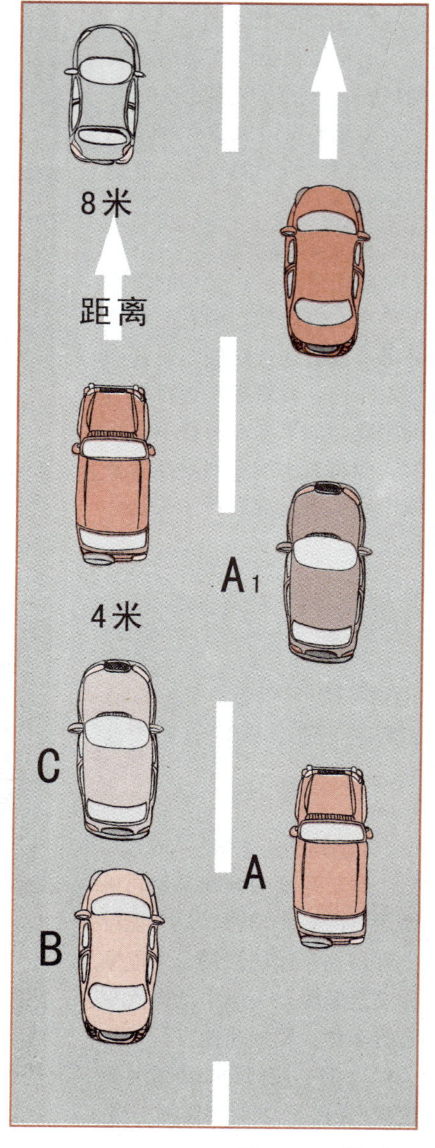

图2—56　感知车速

5.定位减挡（图2—58）

新司机在遇到前方车辆减速时，进行踩制动操作，车速降下来后立刻就减挡，这样做是不对的。

由于不知道前方车辆是否会继续减速，因此这种情况的处理比较复杂。一旦前方车辆继续减速，新司机极有可能因为加减挡时手脚协调性不好而影响第二次踩制动的速度。因此，当我们看到前方车辆减速时先不要更换挡位，应该先踩制动，等情况解除后再更换挡位。

小贴士：

A司机看到C车减速了，这时不应立刻减挡。车速快时，踩制动后再松开，车会继续行驶，如果速度降低了，就需要踩离合踏板。如果这时C车又开始提速，则要看自己的挡位是否和车速相符，如果相符就轻抬离合器踏板继续前进，如速度和挡位不相符则需减挡。

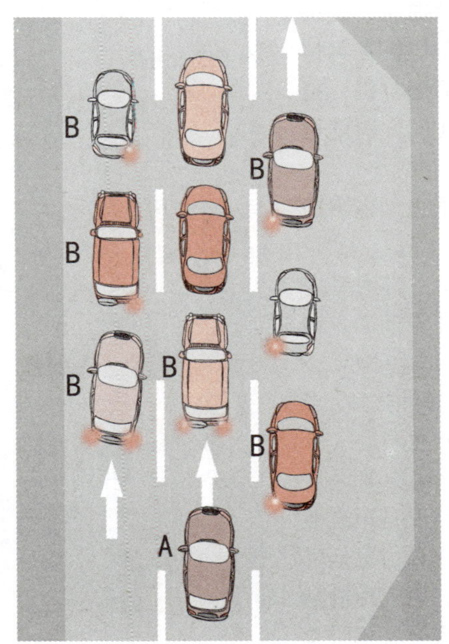

图2—57 判断车速

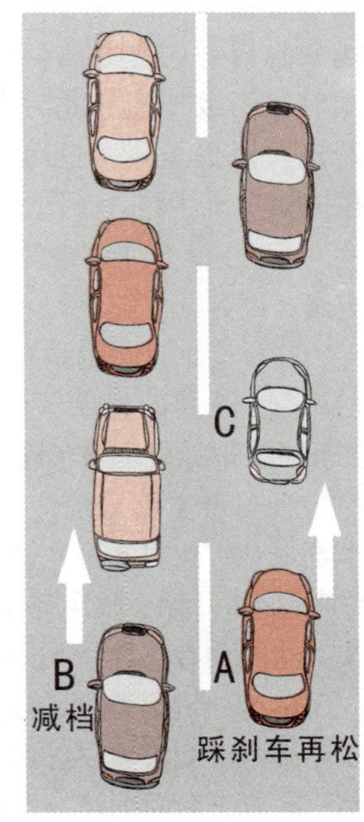

图2—58 定位减挡

九、环线进出主、辅路

1.从辅路进主路到入口处时，必须让主路车先行

在从辅路进入主路时如果左边直行车流不断则不准抢行，应当利用离合器联动点使车辆缓慢前行，并紧跟前方车辆，等待机会向左并线。在并线过程中，不要向左侧车道强行插入，应该把方向盘动到最小角度，才能安全进入主路。

在从辅路进入主路时，如果主路左边的第一条车道的车不是很多，也需要先到A车位置稍作停顿，然后向右动一点方向。在经过前方加速带时，应尽量加速，速度越快越容易向左并线。有时新司机在无情况时也不敢加速，此时应该把握时机，把车速及时提上来，只向左动几度方向就可以安全进入主路。（图2—59）

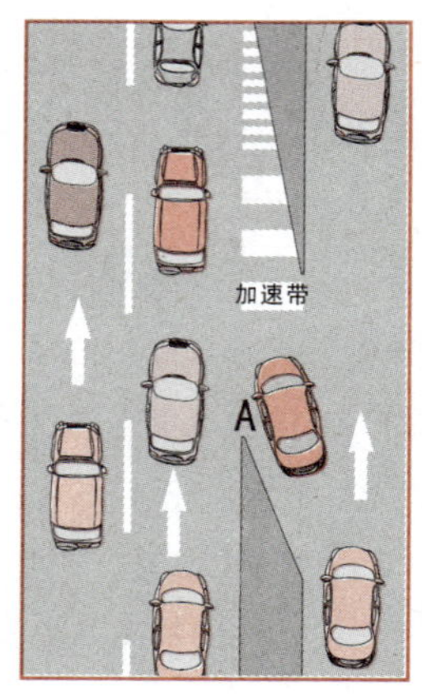

图2—59　在有加速带情况下进入主路

2. 在没有加速带的情况下进入主路的方法（图2—60）

在没有加速带的情况下进入主路有一定的难度，主路的直行车流有时不会间断，辅路车辆需要让行主路车辆。

汽车进主路之前应先打左转向灯。当车辆成45°角时在反光镜中会产生盲区，所以需要回头看一眼主路的车，回头要尽量快。这时会有三种情况：一种情况是车流不间断，这种情况需要让行；第二种情况是后车离得远，此时可以进入主路；第三种情况是后边汽车断断续续，此时则需要反复回头看，确认安全后，才可以进入主路。

图2—60　在没有加速带情况下进入主路

小贴士：

当车辆要进入主路之前，就要看主路汽车道最左侧的车辆离入口的情况，为进主路提前预知路况做好准备，在辅路进主路时心里就有把握了。

3. 主路出辅路（图2—61）

由于主路车辆享有路权，因此由主路出辅路难度较小。但是在交通拥堵的时候，新司机对此仍然有困难。

其原因有二：一是从辅路进主路的车辆，有很多是老司机在驾驶，开车很熟练。虽然由主路出辅路时自己享有路权，但感觉上对方的气势比自己强大，因此新司机往往望而生畏。另外新司机对距右侧的车距离掌握不好，一旦有紧急情况就会害怕，可能把方向打到左边车道。因此此时避让一下也是安全的。如果要走，最佳的方法就是选好右侧车距，少动方向，将右脚放于制动踏板之上，走车时遇到情况踩制动，不要多动轮。

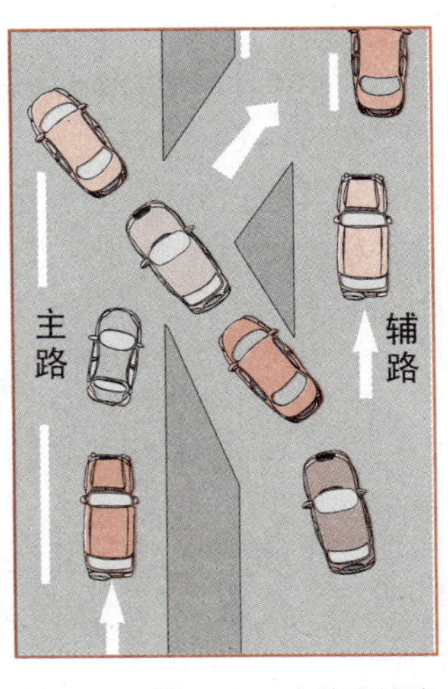

图2—61 主路出辅路

十、环线辅路行驶

1.辅路行驶（图2—62）

在辅路行驶时，二三环的辅路上大部分都是行车线，有的在内侧，有的在外侧。地面一般都有斜线箭头标志。如果因前方车辆遮挡看不到地上标志时，看前方车辆的动向就可以进行判断。

A车司机应该看到路面箭头提示，如表示前方无路了，应提前并线。

B车司机遇到主路出来的车需要让行，因辅路车要让主路车。

在辅路右侧行驶的车辆可正常行驶，因为主路出辅路的车不允许直接进入第二条车道线。

在二环路上行车时，由于车辆较多，有时情况会变得复杂些。作为新司机，如果确定前方路口要直行，就不要靠两边行驶。因为靠两边跟着前车行驶，就会走向转弯车道，从而给自己增加困难。

在A车位置虽然看不到前方地面上的斜箭头，但是能看到前方车辆都在向左行驶，说明前方没有路了，应提前并线。此时一定不要多动轮，否则会发生危险。如果车已到B位置，这时也不要慌，速度慢时，踩离合器使车慢慢移动，只要少动轮，慢慢移动，反复进行即可。（图2—63）

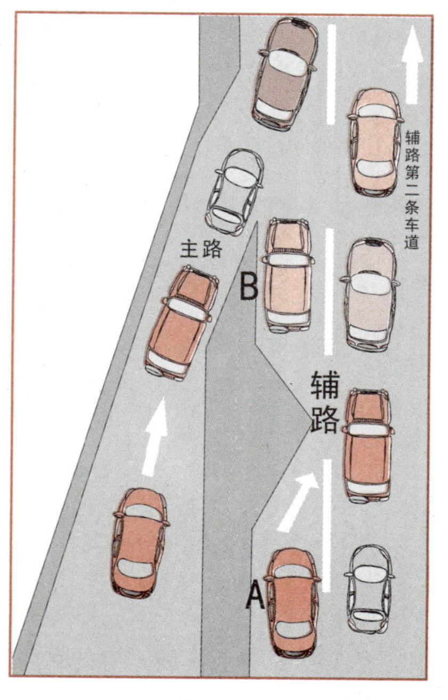

图2—62　辅路行驶

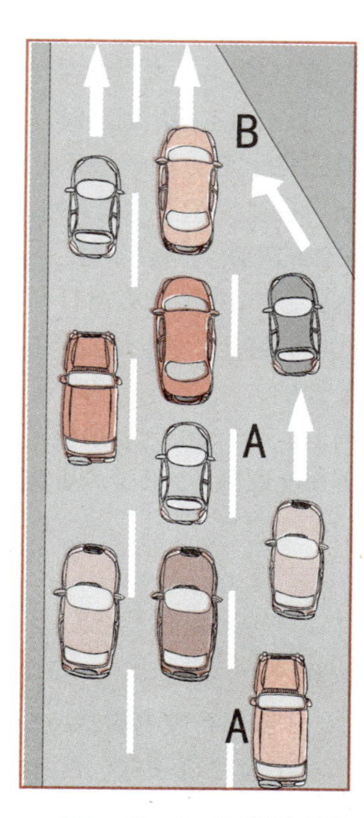

图2—63　在二环辅路行驶

十一、安全行车“八不跟”

1. “跟小不跟大”（图2—64）

“跟小不跟大”就是指尽量少跟在公共汽车等大型车辆后面，因为大型车辆会遮挡自己的视线，而且当公交车进站时很容易就会跟着进入非机动车道。另外大车体型宽大，不容易从旁边绕过。如图（2-64）公交车进站，A车只能被堵在后边。

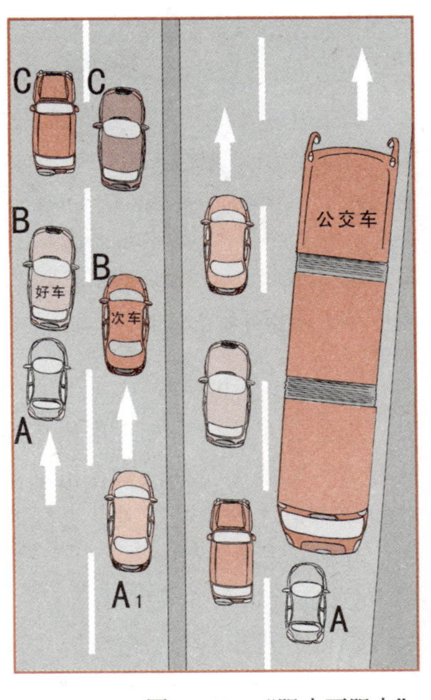

图2—64 “跟小不跟大”

2. “跟次不跟好”

好车制动后5米左右就可以停止，而低档次车需要8米左右才能停住。图（2-64）A车离B车8米，有情况时，B车制动，好车在5米左右可以停住，而低档次车就需要更长的距离，因此可以给跟在B车后面的A_1汽车留出更大的空间。

3.不跟空驶出租车（图2—65）

城市中出租车较多，空驶出租车在遇到前方有人招手打车时，往往急转弯，在路口停车时又不打转向灯，或者并线之后立刻停车，因此存在着很大的安全隐患，所以最好少跟在出租车后面行驶。

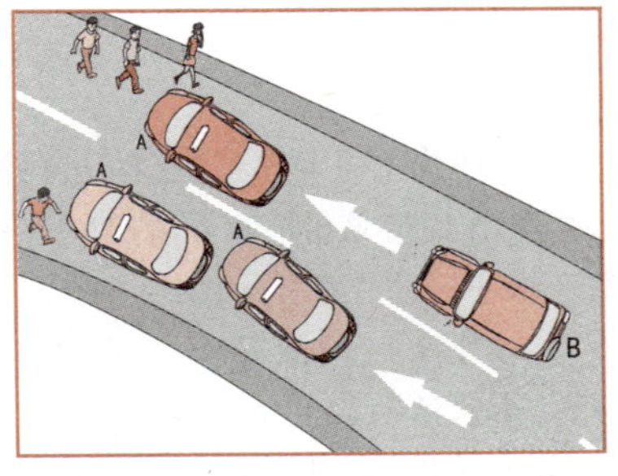

图2—65 不跟空驶出租车

A车都是出租车，在上坡弯道遇到人打车时，照样停，现在B车跟车距离比较安全。

4.不跟外省市车辆（图2—66）

有些外地车辆司机由于不熟悉道路，在走到立交桥或拥堵的路口，往往停车问路，给后车造成追尾的危险。

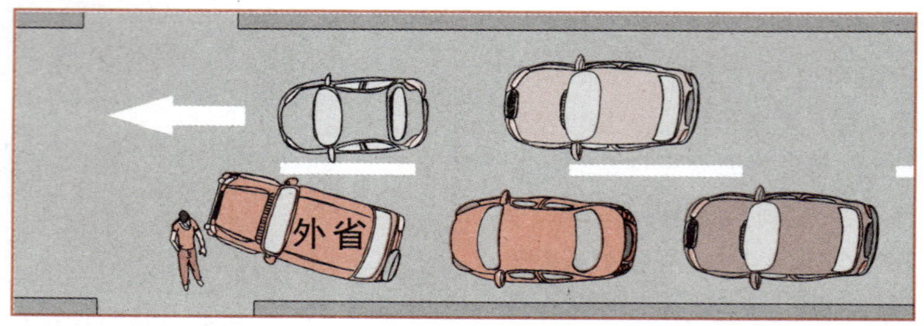

图2—66　不跟外省市车辆

5.不跟小公共汽车

小公共车比公交车、出租车停车次数多，有些小公共汽车在机动车和非机动车道之间交替行驶，会随时停车，存在一定的安全隐患。

6.不跟大货车（图2—67）

跟在大货车后边，相当于在盲区行车。当在环线上行驶时，更要远离货车，最好不要跟大货车平行行驶。能超过去最好，不能超过去尽可能避让。

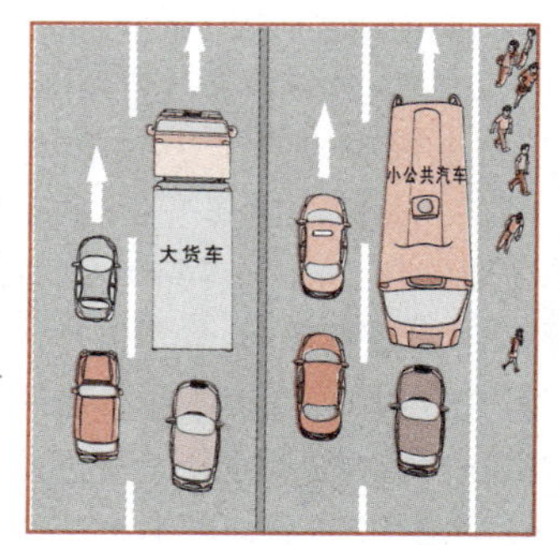

图2—67　不跟大货车

7.不跟清扫车

在环线上每天都有清扫车进行清扫，在遇到清扫车时应该提前离开清扫车所在车道。

8.不跟“死车”（图2—68）

“死车”指故障车、事故车等。“躲死，不躲活”说的就是这些车。“活车”等一会儿可以走，死车等的时间长。

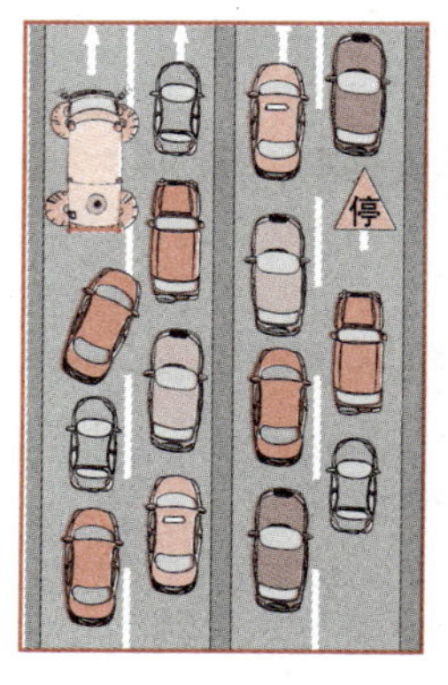

图2—68　不跟“死车”

十二、如何判断哪些辅路可以走

在非机动车道画有实线和虚线的辅路上汽车可以行驶进右侧车道线，外边是非机动车道。

画有停车位的非机动车道可以走。新司机必须知道在画有停车位的辅路上行驶，一定要注意行车安全，否则无论什么情况下与非机动车发生交通事故都须负全责。

十三、哪些地方可以停车

不准在人行道和其他妨碍交通的地点任意停放。施工地段、交叉路口、铁路道口、弯路、窄路、桥梁、陡坡，20米以内的路段禁停；公交车站、急救站、加油站、消防队、机关门口，30米以内不准停车。

◎在有交通标志处可以临时停车，但司机不准许离开车辆。

◎除停车场外，没有交通禁停标志的地方北京也要在道路右边划有车位的线框内停车，或者路口内50米不妨碍交通的地方停车。

◎长安街沿线车辆停车，需要到停车场停车。

附件1：女司机的练车计划

大部分女司机驾车胆量小，方向感、距离感、反应上略差一些，但是在细致、守规方面明显优于男司机。走出驾校大门后，女司机们应该鼓足勇气，沉着应对。胆量随着技术、经验、熟练的程度而增长，技术经验也会随着胆量的增大而增强。

（一）第一次练习

坐在座位上，调整座椅，膝盖离前边一拳之隔左右，可以不起动汽车，认识一下里程表、转速表、水温表、油压表等。（图2–69、图2–70）

图2—69　调整座椅

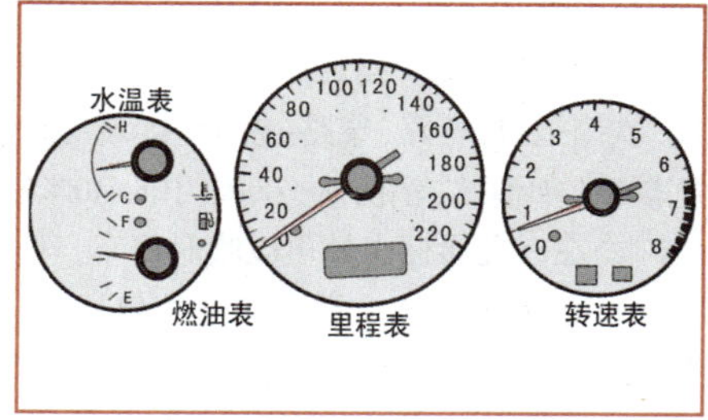

图2—70　仪表盘

1.调整反光镜方法

当司机从反光镜内侧能看到后车门的门拉手时，反光镜处于合适的位置。

2.看反光镜的方法（图2—71）

练习看左反光镜时只动一点头或用眼睛扫一下，同时看着前方，看右反光镜时稍微多动一点头同时眼睛余光看着前方，看的时间越短越好，可以反复练习。

图2—71　看反光镜的方法

（二）左手管四样

1.用左手撑轻压方向盘，就可以掌握汽车的行驶方向。（图2—72）

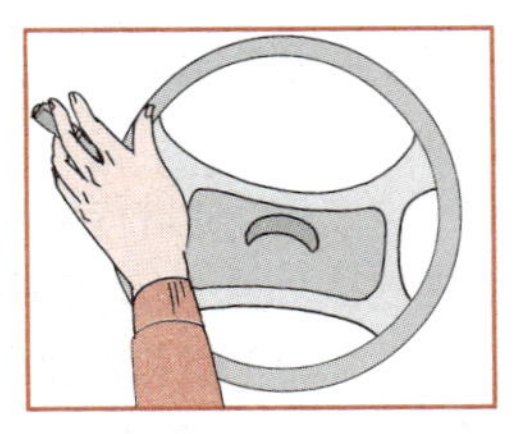

图2—72　左手轻压方向盘

2.在打转向灯时，左手够不着时可横向移动，再回转向灯。（图2—73）

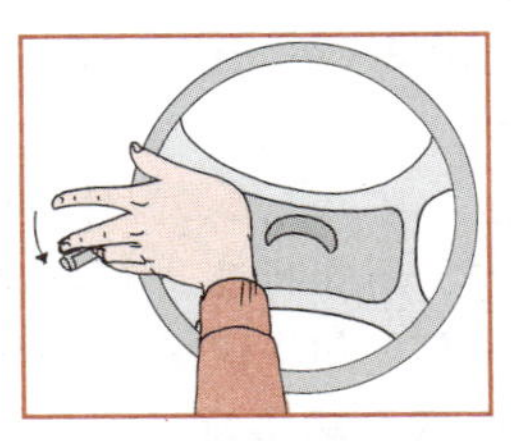

图2—73　左手横向移动

3.左手向右移动按喇叭，因实际路面情况来得快所以需要按喇叭时动作迅速。（图2—74）

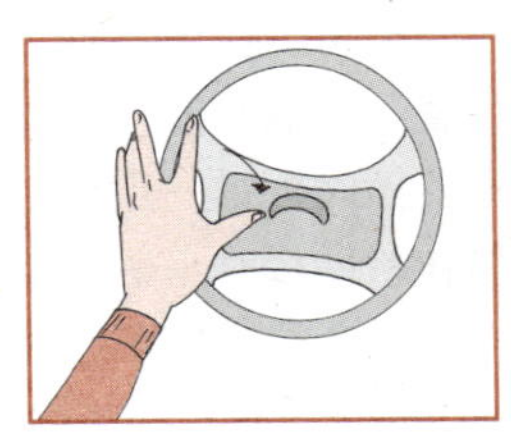

图2—74　按喇叭

4.夜间行驶有十种以上的情况需要用左手切换远近灯，左手在方向盘做横向移动，大拇指压着方向盘，用食指向上抬一下变换远近灯，时间不能超过一秒钟。（图2—75）

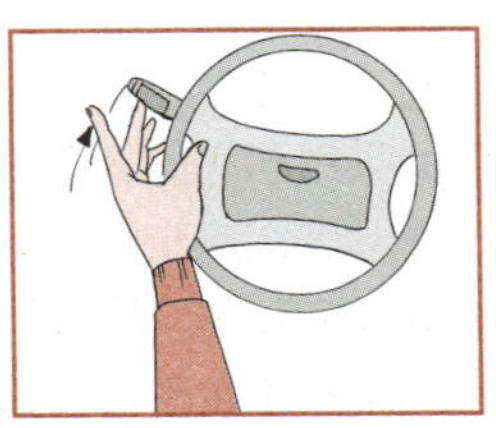

图2—75　切换远近灯

（三）练习加减挡

在实际路面行车比在驾校练车时加减挡要频繁得多，新司机刚开始在实际路面行车时，在几个月内需要加减挡两三万次才能做到熟练操作，所以在行车之前反复练习加减挡十分重要。练习加减挡的重点是一挡加二挡，三、四、五挡减二挡。

（四）离合器联动点练习

新司机会感觉到在驾校练习时与在实际路面驾驶时有一定的差异，特别是使用低档次的车辆的离合器联动点就会感觉更差，原因是在驾校几十小时的综合练习只是对联动点的一个初步接触，而在实际路面驾驶时则要跟上实际路面的行车节奏，并配合其他操作装置的运用。因此新司机上路前必须先进行一次强化练习，否则在路面遇到复杂情况时会感到慌乱。

我们可以选择一条车辆较少的道路进行练习，长度一二百米即可。

练习离合器联动点需要四个步骤：“一

快”“二停”“三稳”“四轻”。

“一快”是指左脚先快速抬到离合器的联动点。

“二停”是指待发动机有些抖动、汽车向前慢慢移动时，车动脚不动停一至两秒钟。

“三稳”是指左脚停后稳住两秒左右。

“四轻”这时慢抬踏板，车辆就会顺利起步。老司机熟练后，四个动作可一起做。（图2—76、图2—77、图2—78、图2—79）

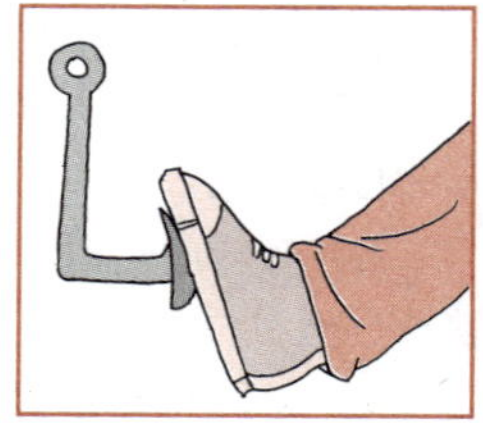

图2—76 “一快”

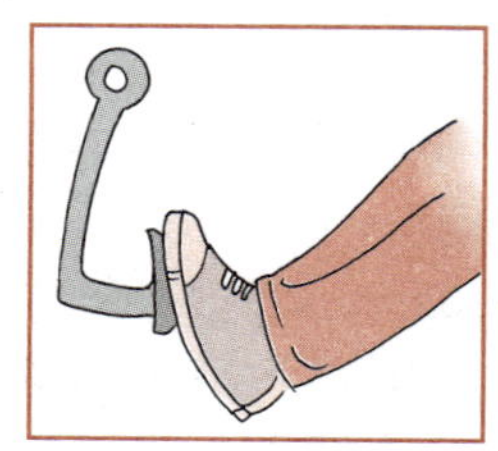

图2—77 “二停”

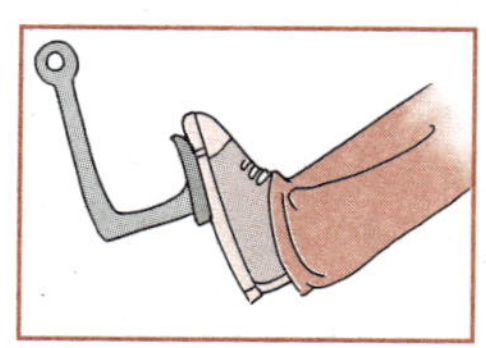

图2—78 “三稳”

图2—79 “四轻”

（五）练习离合器联动点的方法

新司机在进行联动点练习时如果没有“停”的步骤汽车就会窜行，没有“稳”的步骤车辆将窜行更大距离，如果“停”和“稳”的步骤都没做到，车辆会熄火。

新司机在练习时，当左脚抬到“停”的位置，车辆向前慢走时，踩下一点踏板，汽车要停时再抬一点点。在刚开始练习时，可能在抬踏板时车辆会走得快一点，脚踩踏板多了又会造成停车，因此新司机需要反复练习少抬少踩踏板。

新司机按照这种方法练习会比在实际路面上堵车的地方练习提高五倍以上的效率。虽然这样练习会对离合器片造成轻微损坏，但如果用不好离合器联动点，在实际路面上行车时多次起步将对离合器片和离合器盘造成更大的损坏，更会造成一定的安全隐患。

需要注意的是，各种汽车的离合器踏板联动点高低松紧不尽相同，档次高的汽车使用离合器联动点时容易些，低档次车离合器联动点的使用就会难些。

（六）练习踩制动的方法

新司机首先要进行没有起动车辆时的踩制动练习，一定要又快又轻，并且还要轻抬踏板，应反复练习几十次，找到脚感。

接下来可以进行行驶中的踩制动练习。当预感到前方有情况时可以有四种动作：

1．备刹车。在行车途中预感前方可能会有情况，脚从油门移动到制动踏板上，随时准备踩制动。（图2—80）

图2—80 备刹车

2．带刹车。当遇到情况需减速让行时应轻踩制动，右脚带一下刹车，轻抬后不离开踏板，若有情况应再轻踩一下，若没有情况则可继续前行。（图2—81）

图2—81 带刹车

3．踩刹车。当前方有情况发生时，需要多踩制动，感觉情况已解除，可松开制动踏板继续前行。

4．紧急制动。汽车在正常行驶或转弯时遇到突然情况，这时不要考虑什么原因，只要能快点踩制动就可以了。（图2—82）

图2—82 紧急制动

（七）距离感的练习（图2—83、图2—84）

距离感是司机在行驶中对前、后、左、右、车辆、行人距离的感觉。距离感差的女司机可以先拿盒尺量一下自己车辆的长度、宽度，再量一下20米、30米、50米和100米的距离，然后在行车中反复感觉距离。如自己的汽车长是4.5米，感觉前方有两个车位长度，可按照3个车位的长度计算前边的距离是13.5米，应按大约15米左右判断。

图2—84 测量车辆长度

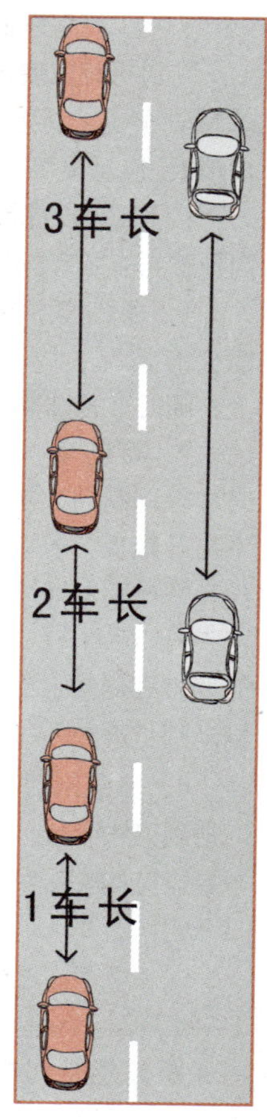

图2—83 估算车距

（八）方向感的练习

对方向感的练习有四种情况：

1. 在驾车的途中训练方向感

女司机往往由于方向感差造成迷失方向，或者一些女司机对行车路线不熟悉，不知道环路和桥梁的行驶规律，从而迷失方向。

解决方法：

①先在地图上或电脑中把行车路线模拟一两次或问一下老司机。在行车中途走错了路不要惊慌，向右并线把车停到辅路不违章的地点，慢慢回想或打电话询问要去拜访的客户，或者参阅地图。（图2—85、图2—86、图2—87）

图2-85模拟行车路线

图2-86停车回想

图2-87致电询问

②如果车上装有GPS系统，在设定GPS装置时首先应确定大致方向没有错。在快到地点前一定要提前停车，否则错过了路口会造成更大的麻烦。有时因双方所在的位置不一样，给客户打电话询问反而容易产生误会，不如向附近的人询问更容易些。（图2—88）

图2—88　向附近的人询问

2．在直行中训练方向感（图2—89）

女司机在汽车直行时的方向感和男司机存在着差异。在汽车转弯时，特别是在倒车时女司机方向感更差些。下面有几种方法将对女司机们有所启示：

图2—89　在直行中训练方向感

找一个空地，起步时不要动方向，待车辆起动后转一点方向盘，观察一下汽车的走向斜度有多大，然后向反方向动一点方向，让车辆向前行驶几米，感觉汽车的方向，再多动些方向，看看车辆的偏斜角度有多大，反复进行体验。

在直行时如果车辆稍微有一点斜，此时若多动方向车辆就会向相反的方向偏离更大角度，因此只需少动一点方向即可校正。

3．在转弯时训练方向感

首先要提示新司机的是，左右转弯打方向盘角度是完全不一样的。

（1）左转弯的方向感

左转弯时应转方向盘半圈左右。如果路口或立交桥路口跨度大，可先小角度转方向盘，如果感觉将要转向过量就停一下。如果路口打方向盘半圈不够，只需稍微补一些即可，因左侧有其他车辆，转向过量将进入逆行车道。

（2）右转弯的方向感（图2—90）

右转弯时应转方向盘一圈左右，如果方向盘角度打少了将进入逆行车道。当右转弯时，先转方向半圈以上，如果不够再加大角度。右转弯时打方向盘的角度多少是由路口的大小决定的，路越小，转的方向越多，路口越大，打方向盘的角度就会越小。

图2—90　在转弯时训练方向感

4. 在倒车时训练方向感

新司机在倒车时方向感难以掌握是因为一般汽车是前驱动的，在倒车时会变成后转向，因此角度大于前进时角度的一倍。

（1）倒车直行时方向感的掌握

新司机在倒车时，应学会用离合器联动点慢倒。倒车时方向的校正比汽车向前行驶时减少一半，并且在动完方向后，应看清汽车的动向后再少回方向，否则再向相反方向打轮就会把方向打乱了，造成汽车忽左忽右。

如果不是倒车转弯，方向盘转的角度不应该超过2°，少动方向才不至于使汽车偏转角度过大。（图2—91、图2—92）

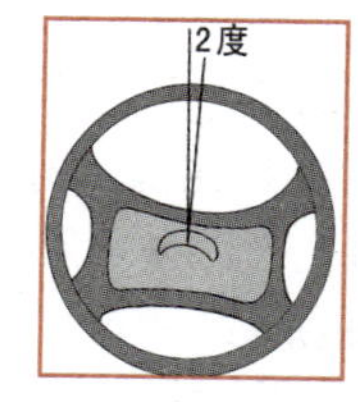

图2—91　方向盘角度

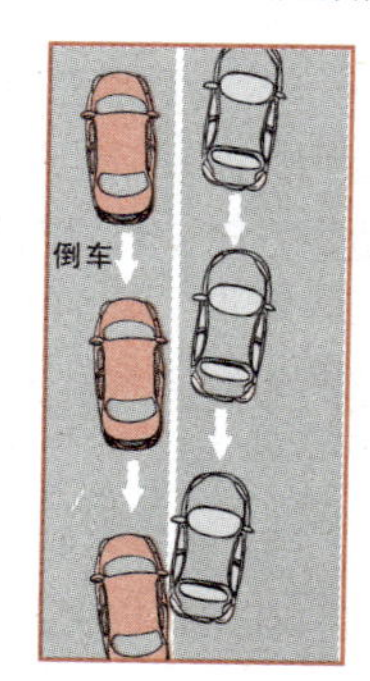

图2—92　少动方向

（2）倒车怎样确认方向

方向的确认方法有两种：

①在倒车中校正车辆位置时，先看反光镜，再向前看远方，这样就容易发现车辆的偏差。另外可以看车头右侧的动向，如车头向右移动，说明汽车尾部向左斜，这时向右动方向，尾部就会继续向右移动。（图2—93）

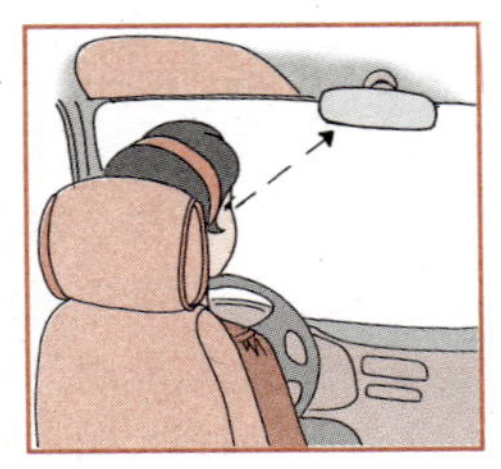

图2—93 先看反光镜

②回头找方向感（图2—94）

倒车时向右回头180°，看远方校正汽车的偏差，感觉汽车尾部的动向后调整方向。新司机在车辆斜度小时不容易感觉到，需要反复练习才会有进步。

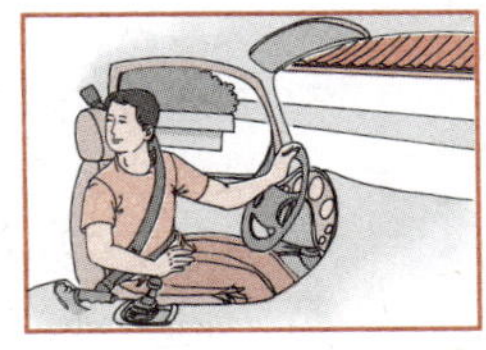

图2—94 回头找方向感

（3）回头练习

“回头不怕次数多，就怕回头时间长”。女司机在遇到行车中需要回头的情况时，往往动作较慢，因此需要反复练习，应做到回头的时间不超过2秒钟。

有以下四种情况需要回头

①汽车在掉头时由于车辆斜到45°角后在反光镜里会出现盲区，因此此时必须向左回头90°，以便观察左后方的情况。

②汽车在转弯之前，必须回头45°角左右瞭望。左转弯时，先看右后看左；右转弯时先看左后看右。（图2—95）

图2—95 转弯之前须回头45°角左右瞭望

③在环路辅路进主路或进入高速入口时，车辆斜到45°角后必须向左回头。（图2—96）

图2—96 进入高速入口时须向左回头

④新司机在倒车时，由于看反光镜后视镜校正不好车辆的准确位置、与行人的距离，需要向右回头180°。

附件2：是否能独立驾车自测

1. 会用离合器联动点吗？
2. 踩制动快吗？
3. 起车能跟得上公交车吗？是否害怕公交车？
4. 遇到右侧车辆超过来特别害怕吗？
5. 见到交警很紧张吗？
6. 交通标志知识掌握了吗？
7. 有老司机陪伴吗？
8. 试过坡起吗？
9. 知道安全距离吗？
10. 知道一些老司机的驾车经验吗？
11. 是否住在最热闹的城区？
12. 对行车路线熟吗？会迷失方向吗？
13. 什么时候让、什么时候走有概念吗？
14. 是否旁边有个老司机才踏实？
15. 现在就到街上驾驶还用考虑吗？
16. 知道一些高速公路行车要领吗？
17. 敢驾车送亲朋好友吗？
18. 夜间行车知道注意什么吗？会用远光吗？
19. 到了商场能把车停好吗？
20. 会几种倒车、掉头吗？
21. 可以在胡同里驾驶吗？
22. 看反光镜时间能在一秒钟之内吗？
23. 并线知道车距、车速吗？
24. 有方向感、距离感吗？
25. 加减挡方向会跑偏吗？
26. 进出环线主辅路知道注意什么吗？
27. “让速不让道”的概念知道吗？
28. 会车时是否害怕对面来车？
29. 并线敢加速吗？

30．知道窄路行车的方法吗？
31．行车中遇到行人、自行车知道怎么处理吗？
32．害怕交通拥堵吗？
33．上下班是否在五环外？
34．使用手动挡手脚协调吗？
35．有把握驾驶自动挡车辆吗？
36．会走环岛、立交桥吗？
37．通读过有关行车类书吗？
38．交通法规记得熟吗？

以上若能掌握10条以上的司机可先到简单路面练习；如果仅能掌握5条必须有老司机陪驾；低于5条的则需要找汽车陪练进行陪练学习了。

3

第三部分

新司机行车技巧

——王师傅支招一

一、“让速不让道”

二、跟不上前方车辆的困惑

三、弯道坡起技巧

四、在道路上行驶车辆向右偏的原因

五、左右转弯练习

六、会车、超车技巧

七、七种调头情况

八、五种倒车情况

九、经过铁道道口的方法

十、各种环岛行驶方法

十一、胡同行车方法

一、“让速不让道”（图3—1）

1.“让速不让道”的概念

“让速不让道”就是在你（A车）正常行驶时，有车辆（B车）在你的车前并线或转弯时，不要动方向，只踩制动减速，但不要有把道路让开的概念。

新司机在行车中务必记住这一点，因为这是一个关系到行车安全的问题。

图3—1 “让速不让道”

2.为什么要“让速不让道”？（图3—2）

A车司机车速快并线超右车，前方就是转弯道了，B车司机是一个老司机，未踩制动，方向只动几度，没有危险；如果B车方向打多了就有可能撞上右边的障碍物，出现危险。

C车在路口向右转弯角度大，D车司机由于是新司机向右动方向动多了，眼看D车就要撞到隔离带了。所以新司机在遇到情况时只踩制动最安全，因为对打多少度方向合适掌握得还不是太好。

3. “让速小让道”（图3—3）

“让速小让道”就是在车辆正常行驶时，前方左右车道的车并线或转弯影响你正常行驶时只动方向几度。

我们都知道方向盘转一圈是360°，那么一度就是1/360，“让速小让道”是指在遇到情况时要少动轮，越少越好，新司机如能掌握这种技术就会更加安全。

图3-3中A代表动轮3°角没什么危险；B表示动10°角；有些危险；C车约35°角、D车约45°角、E表示动70°角，随着角度增大，并线危险越来越大。新司机可找一个宽阔的空地练习找到动方向5°角、3°角的手感，这样可在驾车时减少危险。

图3—2　为什么“让速不让道”

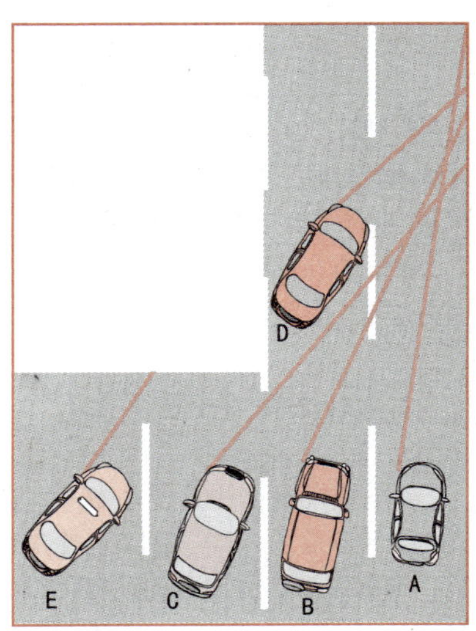

图3—3　“让速小让道”

二、跟不上前方车辆的困惑（图3—4）

在城市拥堵的道路上汽车像一条长龙，汽车让行人和自行车时都是“群让”、“群走”。如果跟不上前方车辆会给自己造成很大麻烦。

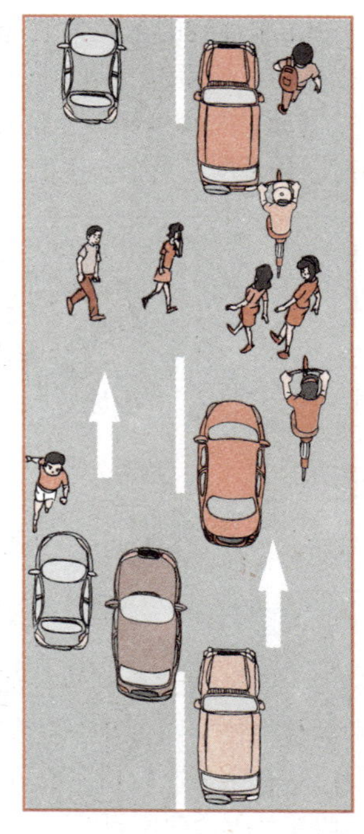

图3—4 “群让” “群走”

跟不上前车的原因：

◎离合器联动点运用不好；

◎判断前方车辆、行人距离不准确；

◎不敢加速，担心有情况不能及时踩制动；

◎加减挡不熟练。

解决方法：（图3—5）

◎应该找人少的地方练习踩离合器1小时，起动车后练快踩制动，然后轻抬刹车。

◎在平时多观察其他车辆是怎样处理路上情况的，在加速时感觉会有情况应备刹车。

◎不起动车练习加减挡各100次，主要练一挡加二挡，三挡、四挡减二挡。几天后会有进步。

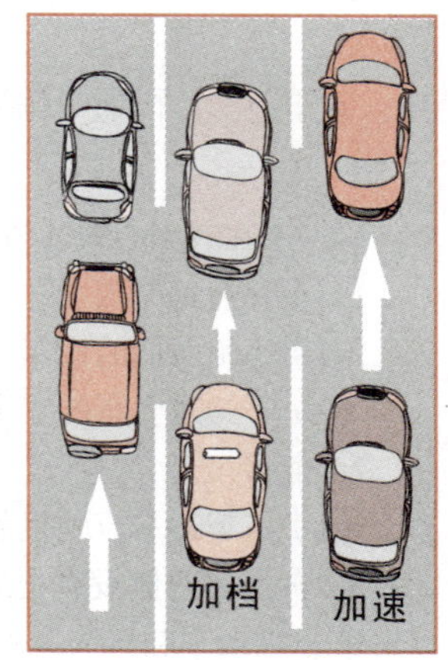

图3—5 跟不上前车的解决方法

三、弯道坡起技巧

A车属于“小坡起”。“小坡起”应踩制动，与在水平路面起步一样抬离合联动点，汽车有点发颤时抬制动。如果会溜车，再抬一点离合就可解决。然后左脚稳住离合器踏板两秒钟左右，再轻抬离合同时右脚加油。（图3—6）

B车遇到的是“大坡起”。新司机一般掌握不好“大坡起”具体操作时，应手刹、制动同时使用。在抬离合发动机有轻微颤动时，先松制动，右脚换到加速位置，左脚稳住离合器踏板，在抬一点点的同时，松手刹，离合器慢抬、加油。（图3—7）

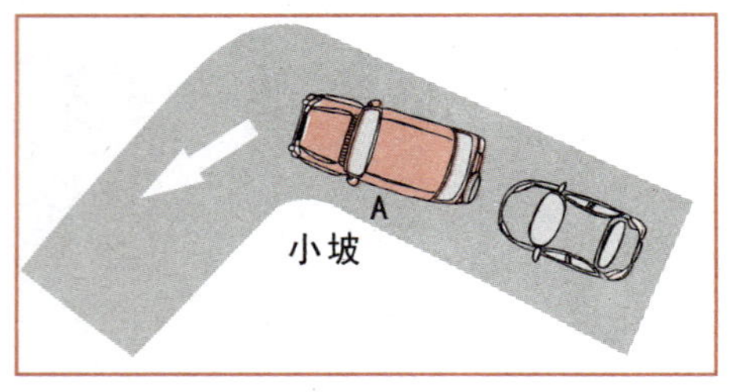

图3—6 “小坡起”

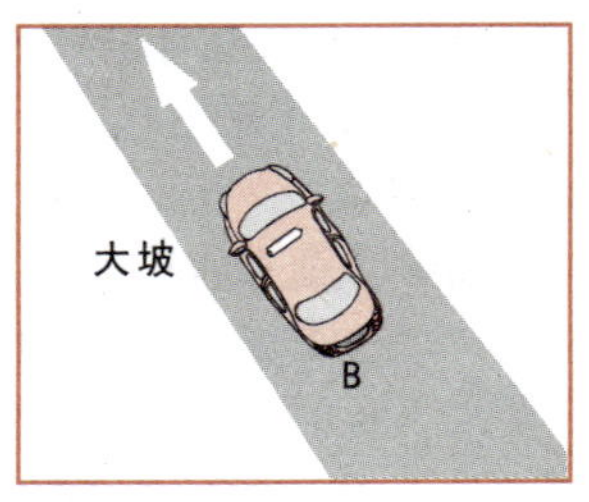

图3—7 “大坡起”

小贴士：

坡起抬制动要快，如溜车不要踩离合器踏板，否则汽车会后溜得很快。当松开手刹或脚制动后溜车时，少抬离合器踏板就可解决。在第一次轻抬完成后不要马上再抬，稳住几秒钟后再轻抬踏板汽车就不会向前闯了。

四、在道路上行驶车辆向右偏的原因

（一）在有中心线的道路上车辆向右偏的原因（图3—8）

1. 车靠右偏原因

（1）害怕对面的汽车。

（2）不知道会车的安全距离。

2. 危害

（1）汽车靠右行驶很危险，这是安全行车的大忌。

（2）道路两侧没有交通标线，汽车应走两侧车道的中间，右侧路权属于非机动车和行人。车偏右侧行驶给后车留下了从左侧超车的空间，容易引发交通事故。

（二）在没有中心线的道路上车辆向右偏

新司机在开车时，在没有中心线的道路上行驶向右偏更加明显。这种现象的主要原因也是惧怕对面来车，对会车车距掌握不好。

解决方法：（图3－9）

“会车看车尾，未到车尾，先看车尾”。车辆在行驶中，司机如能在距相向行驶车辆10米左右看到对方车的车尾，则表示此时的车距为安全车距，不需要动方向。

如图所示，道路两边相向行驶的车流距离约为0.5米。假设A车司机为新司机，此时A车不应该动轮，B车不动方向，大货车应避让B车，让出中间的路，A车跟随B车可安全通过。

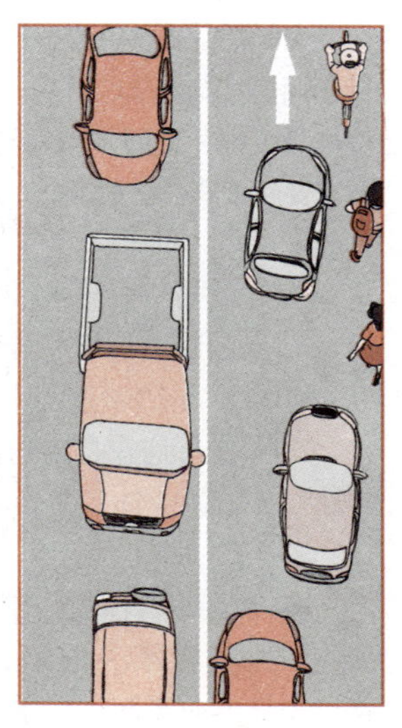
图3－8 汽车靠右行驶的危害

小贴士：

马路一人一半，右旁是非机动车的路权。新司机一定要养成贴着左边行车的习惯。贴着左边走就是左车头占马路的1/2，这样会车才会是安全的，另外也能保证非机动车的安全。

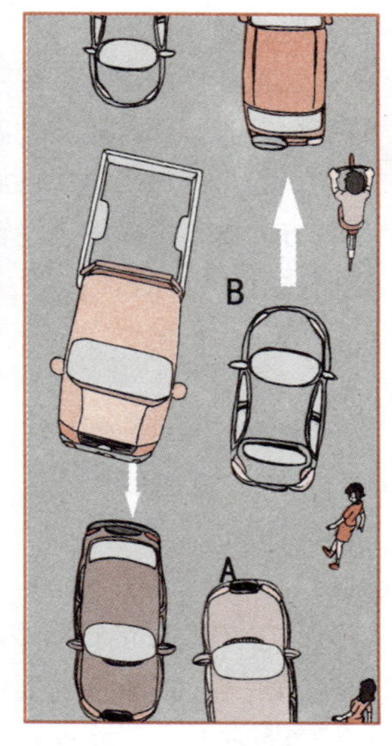

图3－9 “会车看车尾，未到车尾，先看车尾”

五、左右转弯练习

（一）左转弯练习（图3－10）

1.在有转弯箭头信号灯的路口左转

在通过路口时，遇到左转弯箭头交通信号灯，需在直行车辆放行时，将车辆开到左转弯待转区。

A车停到了左转弯待转区，当直行车辆信号灯变成红灯后，左转箭头信号灯变绿，此时才可左转，A车转弯需要转到离自己最近的车道。

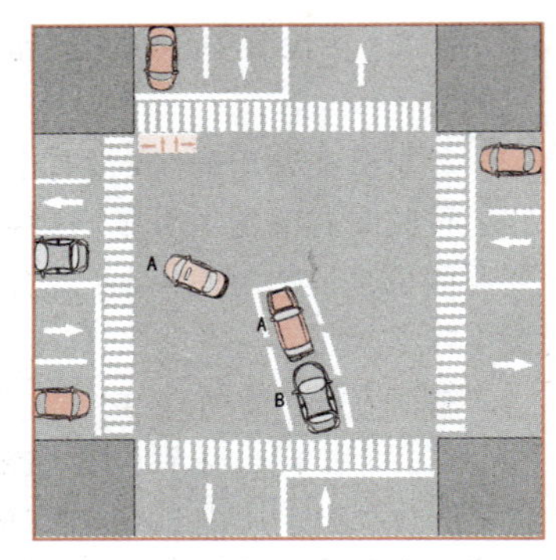

图3—10　在有转弯箭头信号灯的路口左转

小贴士：左转弯需要注意超车问题

A车是新司机在左转弯中起车慢，B车从左边超过A车，如果这时A车司机再往左打方向就会造成危险。（图3—11）

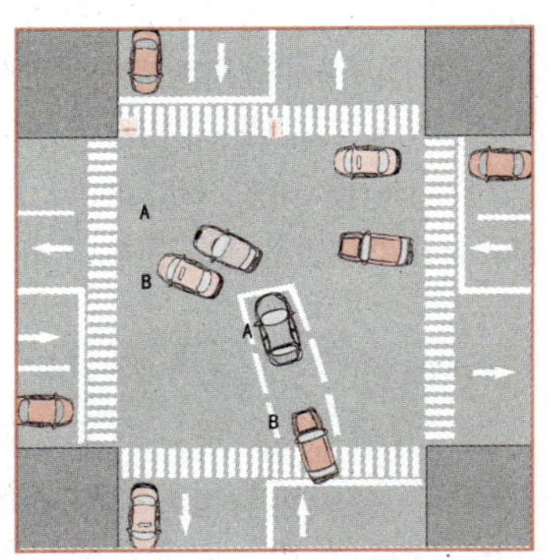

图3—11　左转弯需要注意超车问题

解决方法："封角度"（图3—12）

如是排在第一的车，一般的路口先转方向半圈，左手需在十点位置，看到前方直行车箭头灯快变红灯时，加一挡，左脚抬一点离合器，踏板在接触点上，待左转箭头灯变绿灯时，正常起步，方向盘先不动，起车后加二挡后再加速，双手扶方向盘，可以解决左转弯起步慢而被超车的问题。

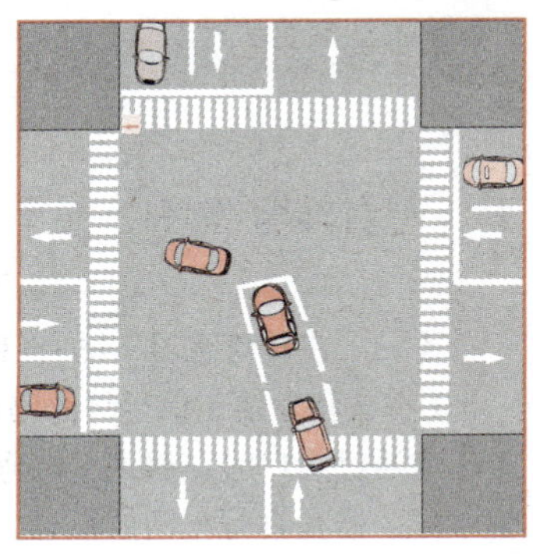
图3—12　"封角度"

小贴士：

一般左转弯箭头灯跨度超过6米以上，先转方向，起车当中不要再动方向。把二挡加上后先加点速，若角度不够需再补一些。一般路口左转弯转半圈，如果自己不是排在第一位的车辆，需要将方向盘转3/5圈左右，不够再补一点就可以了。

2.在没有转弯箭头信号灯的路口左转弯（图3—13）

新司机在没有左转弯箭头信号灯的十字路口，左转弯时难度更大。因为转弯车需避让直行车，左转弯过程中，后车车辆从左侧超车更频繁，在判断直行车时就有难度，起车更需要迅速。

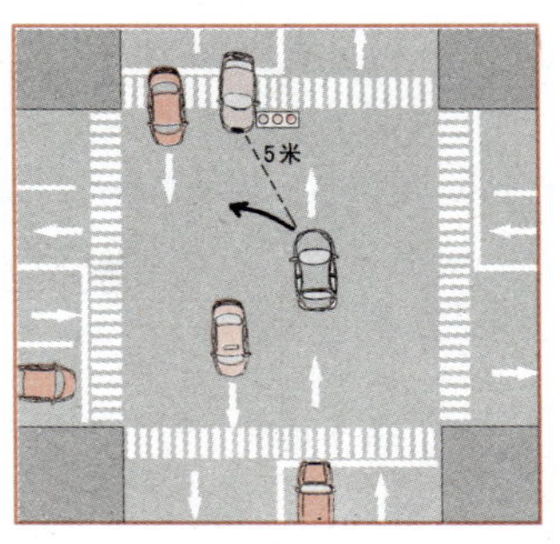

图3—13 在没有转弯箭头信号灯的路口左转

行车方法：

自己如果是排在第一位的，与相向而行的直行车辆距离5米，此时不要转弯，待直行车过后尽快转弯。如果车辆不是排在第一位，可紧随前方左转弯车辆通过。

3.信号灯放行时（图3—14）

B车是一位老司机，依靠熟练的技术，和对面直行车抢行转弯过去了。但对面直行的汽车已到眼前，A车司机跟不上前车，将车停在了直行道的中间，自己走不了，还影响后面车辆通行。此时A车司机停在了不当的位置，如果直行车辆撞上A车，A车是要负全部责任的。此时，A车司机应该向右动方向，向前提车到C车后面，等待机会。

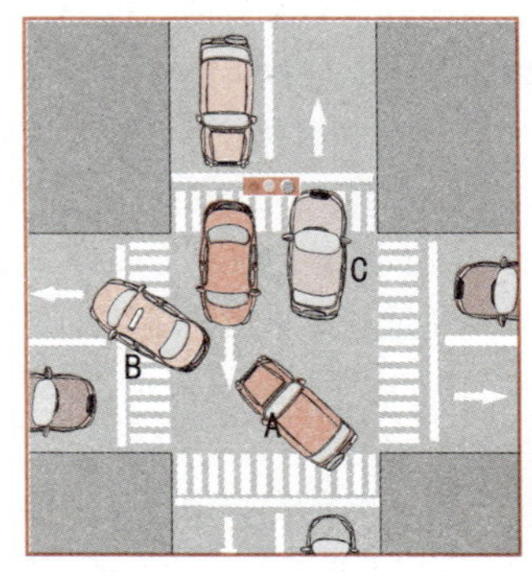

图3—14 当信号灯放行时

4.在无信号灯时左转弯（图3—15）

在没有交通信号灯的道路上左转弯，比前两种还要难，因为左转弯时需要让三种车辆或行人，包括两侧的左右车辆、对面的直行车，还有让三面的非机动车和行人。

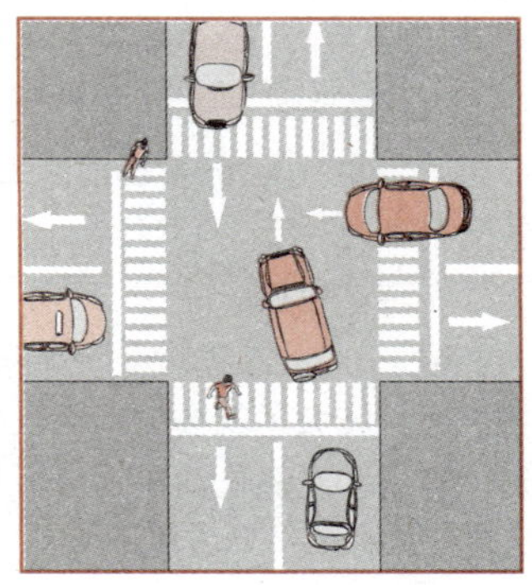

图3—15 在无信号灯时左转

小贴士：转弯让行顺序

先向左看，看左侧有无直行车、自行车和行人，没有，通过；到路口的中间时，再看右边的直行车，同时还要看着对面车，可以反复看，但须左看、右看、快看。在对面直行车无情况时，需在转弯前看一眼右侧，如果右侧直行车离得较远就可以转弯了，但切记：必须转到内侧车道。

5.三条车道有信号灯左转弯（图3—16）

在没有左转箭头灯的三条车道上转弯更难。排在第一的车当然不能抢行，如有一条直行道的车辆让行，也不要抢行，还要看另两条直行车是否让行，一般左转时，都需要变红灯时左转弯。

当红灯变绿灯两三秒钟后，左右两侧就会变绿灯，如果车在后边，跟不上前车，左右两边变绿灯几条车道的车都会开过来，所以新司机必须把一挡起车练好，一旦过不去别慌，把车停在中间，车头向左方向停车减少危险或尽量避免走这种路口。

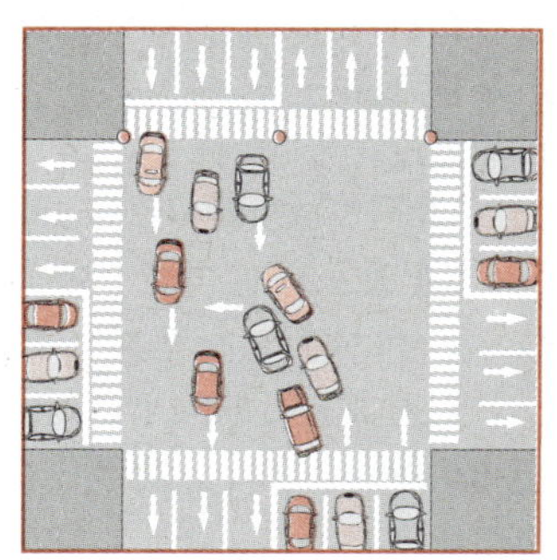

图3—16　三条车道有信号灯左转弯

6.在没有信号灯的小路向左转（图3—17）

左转弯的路口最容易发生交通事故。在没有信号灯的小路向左转时，应遵照“先看右后看左”这一规律。左右看，可以反复看，但必须转头快，转一下头不得超2秒钟。回过头来特别要注意非机动车和行人，转弯提前减二挡，有情况需要减一挡。

图3—17　在没有信号灯的小路向左转

左转参考点：

第一，要转大弯。方向不能转得过大，转大了就会进入别人的行车道，容易和左侧机动车、自行车及行人发生事故。

第二，遇到小路一定要提前减

速、减挡，以免到了路口手忙脚乱。

第三，遇到盲区左转前需要鸣笛，夜间需要打远近光灯，提示自行车和行人。

7.左转弯的概念“左转弯半圈”（图3—18）

方向盘转半圈就是180°，新司机在左转弯时不知打多少方向合适，“左转弯转半圈”是基本概念，知道了这个概念，就容易掌握转弯角度了。

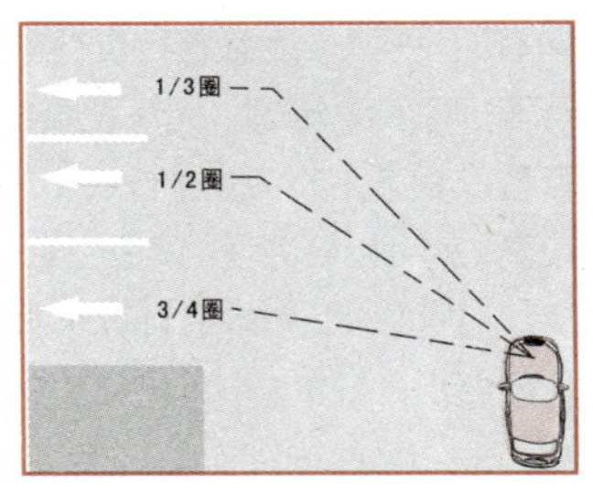

图3—18 “左转弯半圈”

在道路行驶时路口没有相同的宽窄，路口的跨度越大，方向盘打得越少，路口越小方向打得则越大。向左转时如果路口大，在方向盘转半圈过程中，感觉方向转够了就停下来，如果不够可以补一点。新司机往往左转弯方向角度过大，应该注意这个问题。

（二）右转弯的练习

1.右转弯基本概念（图3—19）

右转弯打方向一圈为360°，如方向转得少就会把车开到逆行道路上。注意在不同的路口弯的大小是不一样的。一般来说，小路口弯要转得大些，大路口弯要转得小些；提前打方向角度就会转得大些；车速稍快时，要提前慢打方向；车速慢则要快打方向。这是一般右转弯的经验。

例如：右转弯时遇到窄路、小路口，有时方向转一圈不够，再补一下方向角度就够了。如果遇路口宽，在打方向盘快到一圈时停一下，也就是一圈的3/4就够了。

A车进1道需转方向一圈，再补上点角度，进2道合适；

B车进1道转方向一圈，进2道只需转3/4圈足亦；

C车进1道打方向一圈，进2道转方向半圈，角度不够补一点。

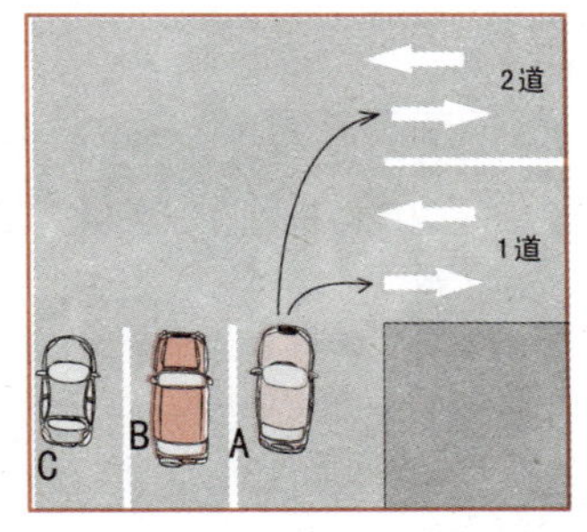

图3—19 右转弯基本概念

2.在有右转弯箭头信号灯路口的右转弯（图3—20）

在右转弯遇到箭头信号灯时，需要停到停车线前，绿灯亮时，右转弯前仍需看一下左边行人，还有左边直行没过完的车辆。在右转弯到45° 角时，需要看一眼反光镜，快速向右回一下头，注意直行自行车和行人。以自行车、行人为转轴，从驾驶员的位置看超过自行车前轮1米、超过行人半米一般是安全距离，就可以转弯了，只是注意转弯后不要压实线就可以了。如果有自行车直行，则需要让行或超出自行车3米以上为安全转弯距离。

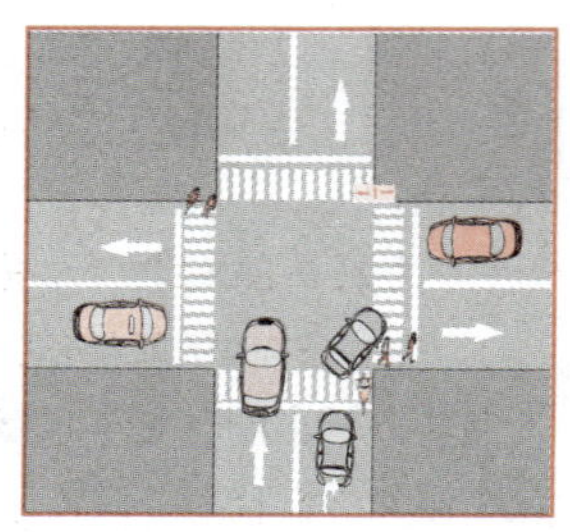

图3－20　在有右转弯箭头信号灯的路口右转弯

3.在无右转弯箭头信号灯的路口右转弯（图3—21）

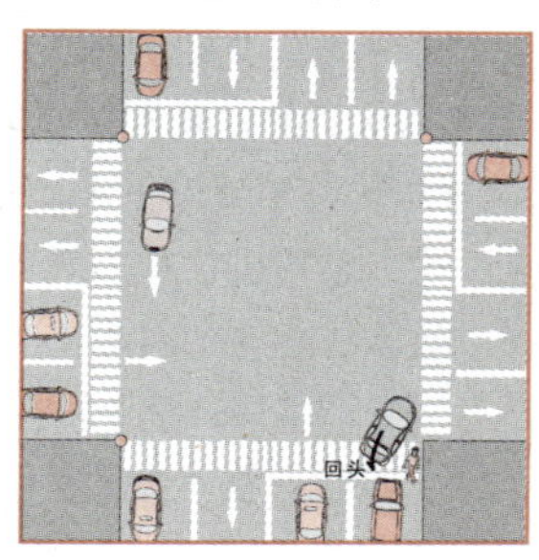

图3－21　在无右转弯箭头信号灯的路口右转弯

这种情况转弯比有箭头信号灯的右转弯难些，这时右侧有直行的自行车和行人，虽说右转弯也可以转，但是因为右转弯的车没有路权，给右转弯增加了一些难度。处于这种情况，新司机在右转弯之前需要弯前减挡，减几挡根据情况而定；打右灯，一般在车多人多路段减二挡较为合适，好控制车速。如果路很拥堵或不熟练，也可减成一挡，踩离合，避让右边直行自行车和行人。在车辆转到45° 角后，需回头看右反光镜，以确认行人和自行车的距离，认为安全后再转过去。

小贴士1：右转弯容易出现的问题

◎新司机驾车从小路口出来时右转弯，车速降得慢，不减挡，到了路口才减挡，手忙脚乱会造成险情。（图3—22）

◎遇到直行车或行人就把制动踩到底，造成熄火，不能做到半挡、1/3挡慢走车（半挡就是比一挡慢一倍）。

◎新司机在右转弯时急于求成，忽略了直行的汽车、自行车、行人和左转车辆。（图3—23）

图3—22 到路口才减挡

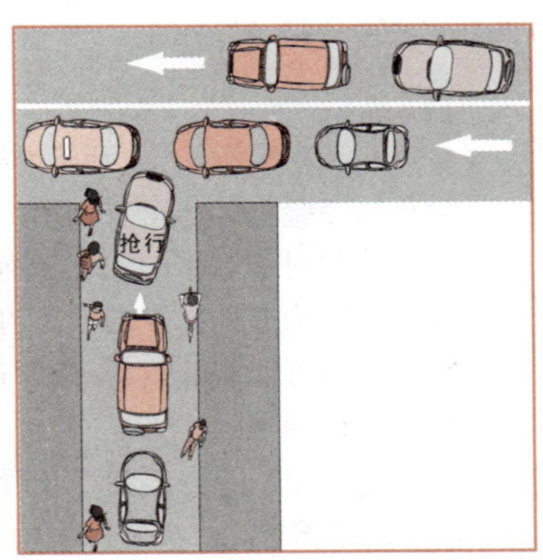

图3—23 新司机急于求成

小贴士2：小路右转的难度（图3—24）

由于道路窄，新司机在转弯时的角度不好掌握，一般来说，路口越小，难度就越大。正确的做法是：汽车在右转弯离自行车近时，除了减点速外，转方向盘过程中可以停一下，这样可与自行车、行人距离变宽，打一个时间差，然后以它为转轴转过去就安全了。

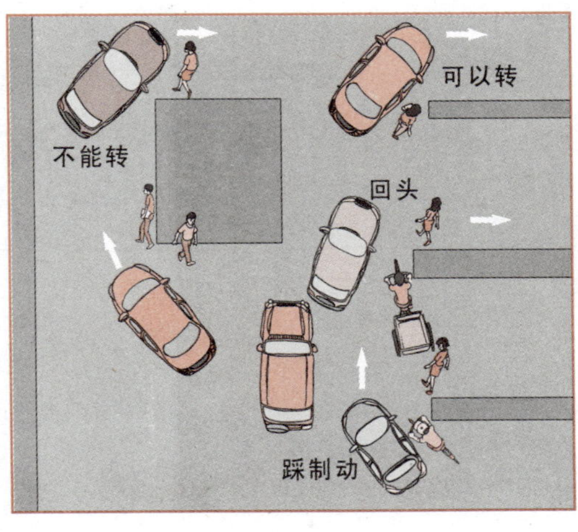

图3—24 小路右转

六、会车、超车技巧

(一)“会车看车尾，未到车尾先看车尾”

会车的经验：“会车看车尾，未到车尾先看车尾”。会车时，新司机总是害怕对面过来的大车，而不自觉地将车往右靠，这是一个可怕的现象。因为迎面而来的大车占的道路就多，你再向右靠，马路宽度有限，右边可能有非机动车和行人，尤其在夜间视线不好的时候，容易伤及非机动车和行人。所以，新司机在行车中一定要尽可能地走在本车道的中间位置，眼睛尽量看到会车的车尾，克服内心恐惧，通过一段时间的锻炼，掌握好会车技术。（图3—25、图3—26）

图3—25　会车的经验

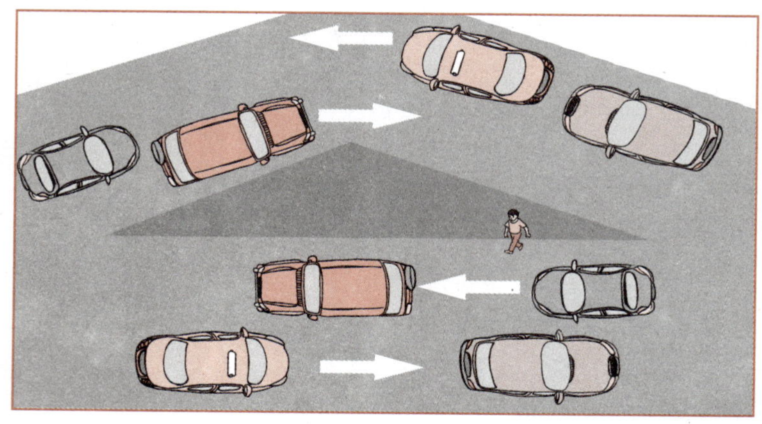

图3—26　会车的经验—1

（二）“超车看车头，未到车头先看车头”（图3—27）

超车的经验；“超车看车头，未到车头先看车头”。准备超车，先打左灯，动一点方向车向左移动出来；看到对面无来车或是对面来车较远，这时少动方向，向左移动；在能看到前车车头时，需要快加速；超过前车后，不要马上并入原车道，离被超车距离远些再回原车道安全些。

超车时要注意：如果被超车示意掉头、左转弯时，这时是禁止超车的；另外，夜间在超车前需要变换远近光灯提示被超车。

小贴士：

以下地方严禁超车：中间有分道实线的地方、学校门前、机关门前、铁路道口、人行横道、弯路、桥梁、陡坡、路口等地方。

图3—27　超车的经验

七、七种调头情况

（一）有箭头信号灯处调头（图3—28）

在有掉头信号灯或左转弯箭头信号灯处调头，比较好处理。只要在左转弯箭头信号灯绿灯亮时左右手交替打方向，就可以了；如果过不去，需用离合器联动点慢倒，确认前方能调头了再走，不要影响其他车辆的前进。

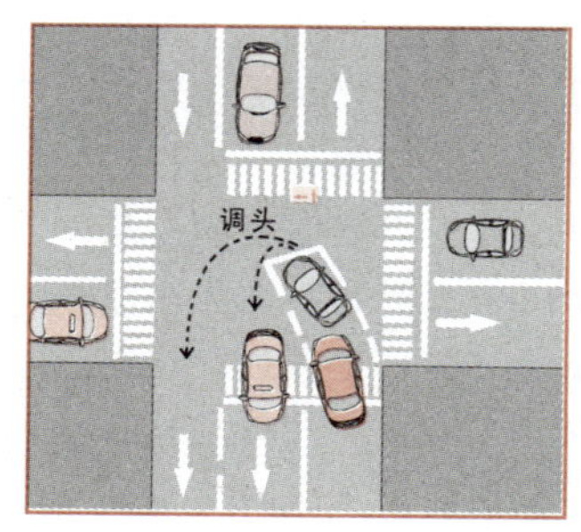

图3—28　有箭头信号灯处调头

图中，从司机位置确认右车头能过来的时候，先快回一圈方向，然后，停顿半拍后，看车辆的走向，慢回轮。

另外，要提请注意的是：调头后的车处在哪条车道上就在哪条车道上正轮。车轮正后才能考虑并线等问题。

（二）在无箭头信号灯的路口调头（图3—29）

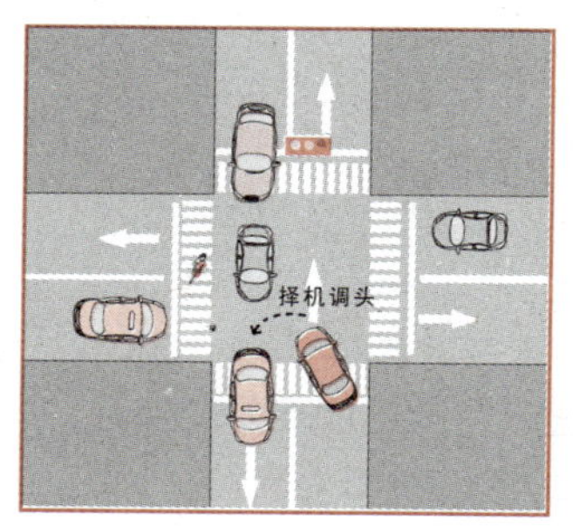

图3—29　在无箭头信号灯的路口调头

能否在无箭头信号灯的十字路口调头，要看是否有禁止掉头标志或者路口左边有无实线。如果没有禁止调头标志也无实线，就可以调头，但和左转弯一样要注意避让直行车辆。

这种调头方式对新司机有点难度。难点在于绿灯时对面直行的车往往不断流，需要让行；待变红灯后对面直行的车还没走完；对面的车终于走完后，可左右两侧绿灯车辆已经放行了；加上左边有右转弯的车辆，还不能抢行；自己的离合器半联动用不好，心里好紧张。所以，建议新司机朋友，刚上路时尽量避免走这种路口，待熟练一些再使用这种调头方式。

（三）立交桥前调头（图3—30）

这种调头方式是在信号灯前五六米处完成。由于桥的跨度大，相当于两个左转弯。第一个左转弯需要提前减挡，一般情况二挡合适，在转弯的一刹那不要加油，因为可能桥洞内有车辆停车或有行人。转过去以后，到停车线，如果没有箭头信号灯，也要停一下，因右侧直行车多，必须让行。看右侧车距远或右侧红灯亮后再掉头。这个左转弯的角度要多打一些，汽车需要贴着左侧走，方可安全。

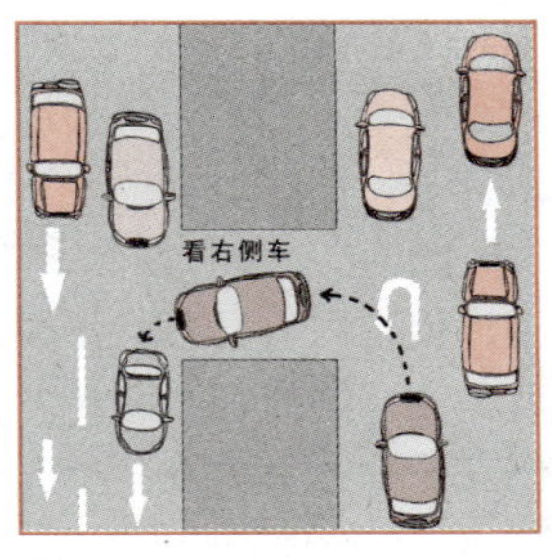

图3—30　立交桥前调头

（四）“八米调头”（图3—31）

在单位、小区、宾馆有时受条件的限制，必须调头，否则汽车出不去。如果前方有四五米左右的距离，可以向右打轮贴边，按图3向前走到图4位置，再向右转方向，到图5位置，这样调头就顺利完成，有时有障碍需要看，要慢。

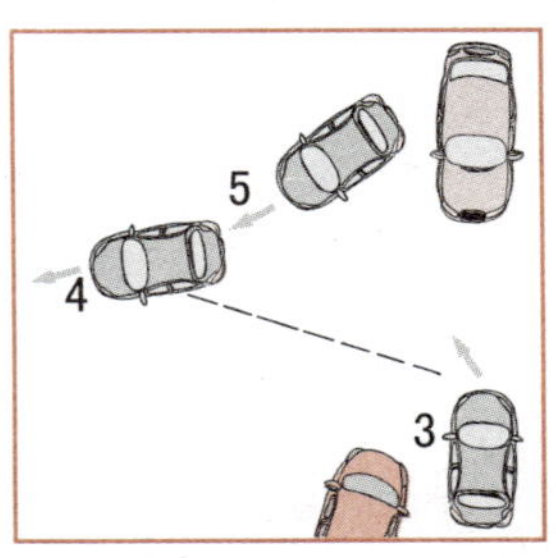

图3—31　“八米调头”

（五）非路口无信号灯调头（图3—32）

在中间没有实线的双方向行驶的道路上是允许调头的。但如果不往右靠一下，一次性调头是过不去的。但是，后边的车跟得很紧，所以现在有两个选择，一是先左转弯，二是直接调头。作为新司机，应选择第一种左转弯，直接开到路口内，找车少人少的地方调头更安全些。

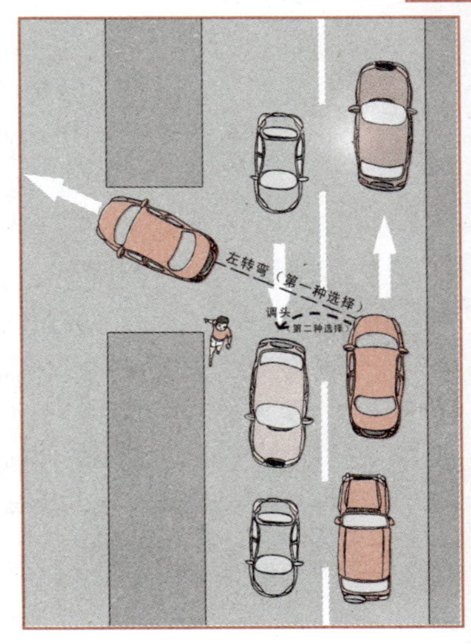

图3—32　非路口无信号灯调头

（六）无信号灯处调头（图3—33）

这种调头情形，左侧没有口，道路上车辆和行人很多，调头也有两个选择：一是向右先贴在边上，待机会调头；二是直接调头，再倒车。建议新司机选择第二种方式，原因是车辆行人太多，如向右贴到边，后边的车不断，对于一个新司机来说不太适合。

倒车有一个方法比较安全，但新司机又不好掌握，那就是倒车用离合器联动点，先倒五公分，只要慢，没有车会撞你，你能做到吗？

图3—33　无信号灯处调头

小贴士：通过综合性锻炼训练掉头（图3—34）

通过这种调头方式训练可以锻炼新司机的停车、踩制动、离合器、减挡、打轮、回轮、手脚协调连贯等技术，这对以后的驾车各方面都大有好处。训练地点可以选择一个12米左右宽，人少车少的道路，练习百米加挡，三、四挡均可，先向右靠边，再向右带一下，然后向左转方向，转完方向减二挡，右车头确认回过来时，快回一圈方向，歇半拍，然后慢回方向，车正轮正就好了。

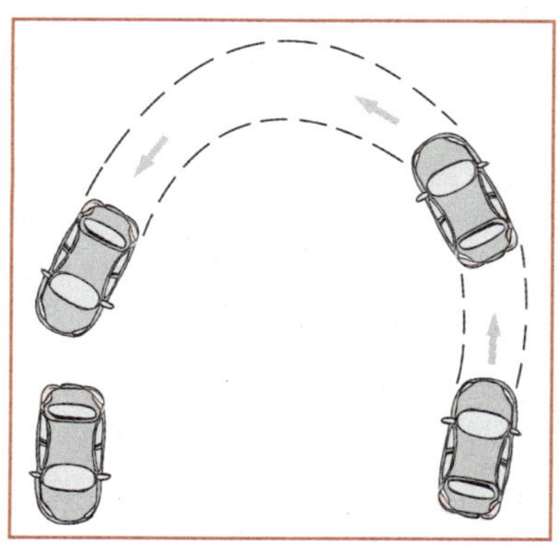

图3—34　综合性锻炼调头

八、五种倒车情况

（一）直线倒车（图3—35）

在一个无车辆和行人的地方，新司机如能够把汽车给倒直了，说明在倒直线这一项，你已经毕业了。

倒直线的方法：

◎只看反光镜和后视镜；

◎刚开始只用离合联动点慢倒，左边看完，右边看，同时看着前方，只有看着前方才能确定汽车是否正。当汽车右前角向左倾斜时，说明汽车尾部在向右斜，A车现在通过看前方右车头发现已经向右边斜，需要向左动方向，如果动方向大车就会向反方向倾斜。新司机在汽车稍斜时不好看出来，所以倒车要慢，看着前方不断地练习这种感觉。

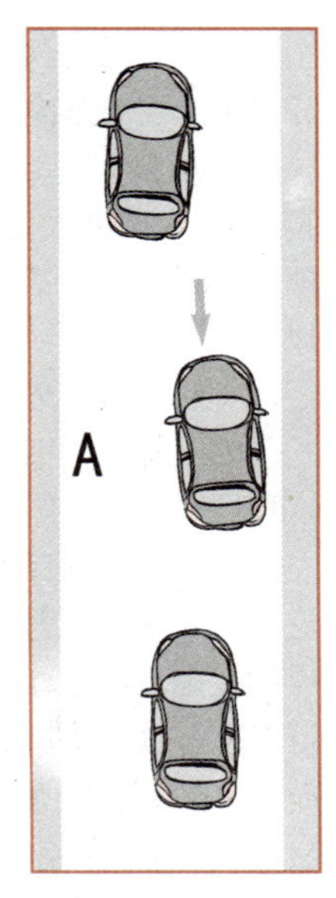

图3—35 直线倒车

（二）在马路边倒车（图3—36）

A司机回头看到远处马路边，但仍然找不到感觉，把车倒斜了。接着向右动轮，想马上让汽车正了，这就错了。正确的做法是：少动轮，若旁边没有情况，应让车慢慢地正过来。由于打轮打多了，右前车头已接近马路边，这时只有向左少动方向，右前轮胎才不会撞到马路边，此后回轮即可。如果向前开车，也需要向右动方向。

图3—36 在马路边倒车

（三）向右路口倒车（图3—37）

在有路口的地方仅仅知道打轮是不够的，需要观察好旁边的情况，知道从什么地方下手才行。

A_1车司机把车停到了合适位置，把方向右打到头，也不会接触到左边障碍物，以右后角为转轴，当车转到A_2位置成45°角时回轮停车。

A_3车比A_1车“处境”更差一点，如把方向打满，就会刮上左前角，所以车需要向前走点，提前打方向，边走边动方向，就不至于因打轮过大，左前角撞上障碍物。

A_4车斜度到180° 角时看一眼右反光镜，如果距离太近，可向右调半圈至一圈，向后倒半米后，仍然向左打方向，可以到A_5位置。

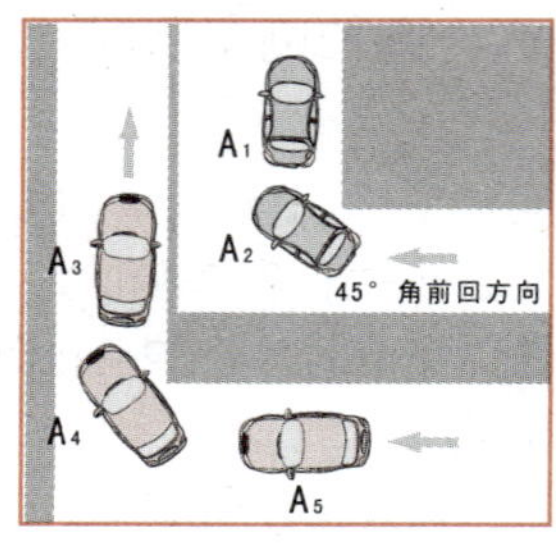

图3—37 向右路口倒车

（四）向左路口倒车（图3—38）

因向左回头不好看左后方，所以，目前这种倒车情形只有看左反光镜倒车为好。向左路口倒车，车应该停得离左边近些为好，这样把方向向左打到头也不至于与右侧障碍物接触上。比如，A_1停的位置最佳，此时可以边走边打满方向，即可以倒到A_2位置；而A_3车因为停的位置离右侧太近了，车动以后没敢动方向，倒到了A_4位置，而这时是不可以继续倒车的，需要向前提车。A_3车停的位置虽差（据左侧障碍物约30厘米），但也还是可以一次性把车倒进左方空地的。如果倒车技术熟练，开始向左动轮几度，不断地慢转方向至360°，同时注意右侧别剐蹭障碍物，也还是可以把车倒进安全地点的。

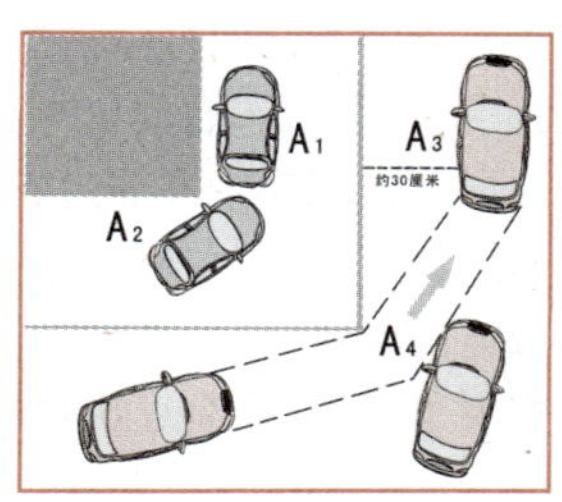

图3—38 向左路口倒车

（五）在小区里倒车（图3—39）

在小区里倒车，最好避开自行车和行人，尤其是老人和孩子。倒车时，以一边的汽车车距为参照物，从一侧的反光镜看车距基本相同一般就可以倒直了；车倒得不直，可以回头向后看看，手中的方向盘慢慢校正。如果是夜间，不好看反光镜距离，可以开双闪，借着灯光闪亮，旁边、后边的视线就会好些。夜间倒车建议比白天速度慢些。

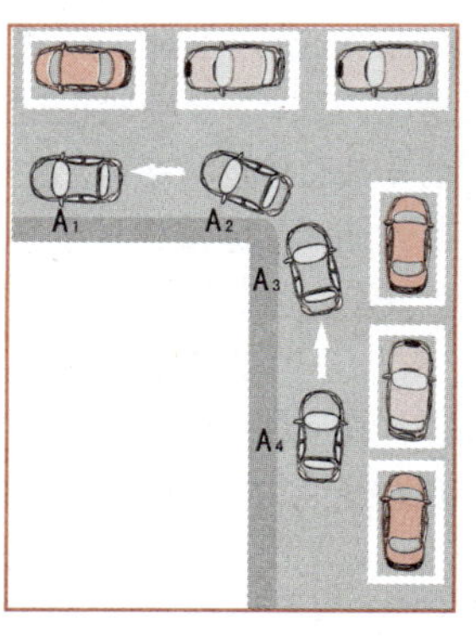

图3—39 在小区里倒车

九、经过铁道道口的方法（图3—40）

在通过有管理人员把守的铁道道口时，当红色信号灯亮起，铁道路口横杆向下放下时，必须在停车线后停车等候，当横杆立起时方可通过。在通过时，由于铁道行车有阻力，必须过铁道前把低速挡调好，不要在铁道中间熄灭。

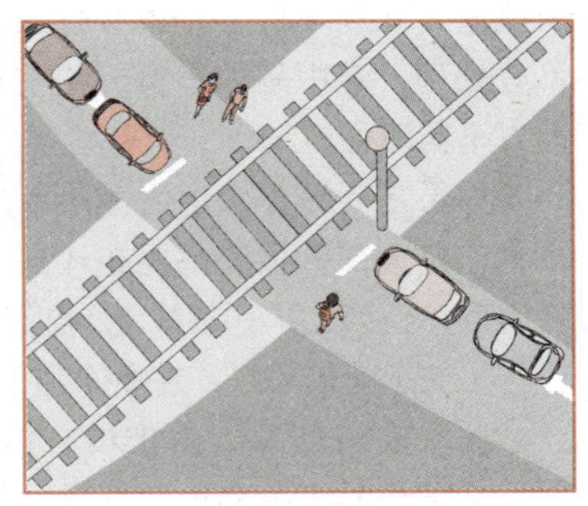

图3—40　经过铁道道口

在通过无人看守的铁道路口时，要做到“一看、二慢、三通过”。万一车到铁道路口熄火，不能起动，遇到火车来时，不要慌张，情况允许时必须挂一挡，不踩离合踏板，经过几次打火，汽车会向前移动到安全地方。

十、各种环岛行驶方法

（一）在有信号灯的环岛直行

新司机由于起车慢，汽车到了环岛中间没有行车线，环岛本身就是斜路，而且需要少动方向，如果你在后边跟不上前车，左右两边的车辆就放行了，使你无法向前走。所以，建议新司机在直行时最好走右边的第三条线。（图3—41）

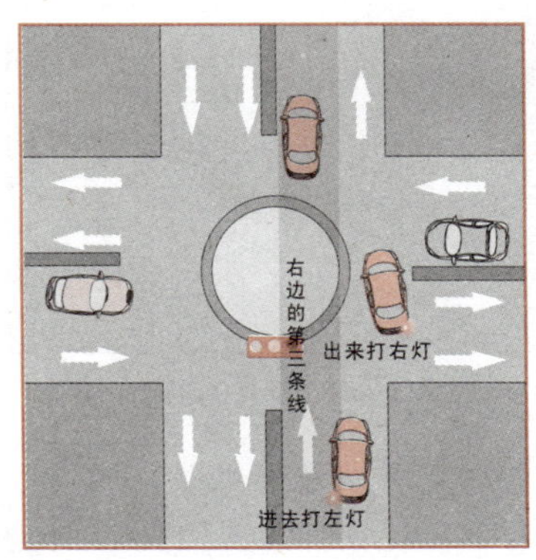

图3—41　在有信号灯的环岛直行

小贴士：

进环岛前应打左转弯灯，出环岛前应打右转弯灯。

（二）环岛左转弯（图3—42）

新司机在环岛左转弯时，走左侧的第二条道比较好。如果走左边内侧道，在起车后，左边有行人、自行车，还有未过完的汽车，有时不好处理。走中间的车道，让左右的车辆处理两侧的情况，只需跟上前方车辆即可。

如果在环岛掉头走内侧第一条道为好。虽然有些环岛前有掉头的口，但是大部分掉头都要在环岛上完成。记住：掉头是在左转弯后，然后再并到第二、三条线上，以便出环岛直行。

（三）无信号灯、三条车道的环岛（图3—43）

在左安门环岛，由于没有信号灯，四个方向的车，每一个方向二、三条线的车一起走，这时，新司机更应该遵循着直行车走二道三道、左转弯走二道的规则行车，否则眼花缭乱，难以行走。

另外，需要提醒的是：进环岛的车要让出环岛的车辆先行。

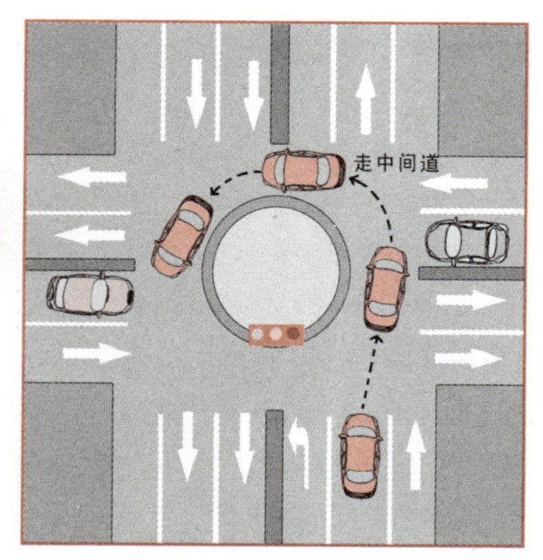

图3—42　环岛左转弯

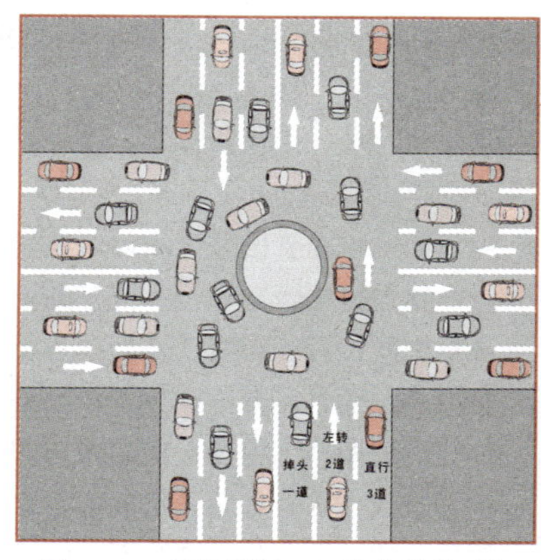

图3—43　无信号灯、三条车道的环岛

小贴士：

有些新司机在走环岛时，直着向前走是不对的。因为环岛虽无行车线，但看走向应该知道环岛是弧形的车道，每辆车都需要画半个弧形行驶。

（四）无信号灯、一条道环岛（图3—44）

有些环岛如北京的六里桥环岛，比较小，只有一条行车道，加之行人、自行车多，在早晚高峰时间进出环岛格外不容易。通过这种环岛，需要司机眼快、手快、汽车快，在进环岛前先打左灯，看左边，利用离合器连动点向前走，选择有空当的时机进入环岛。

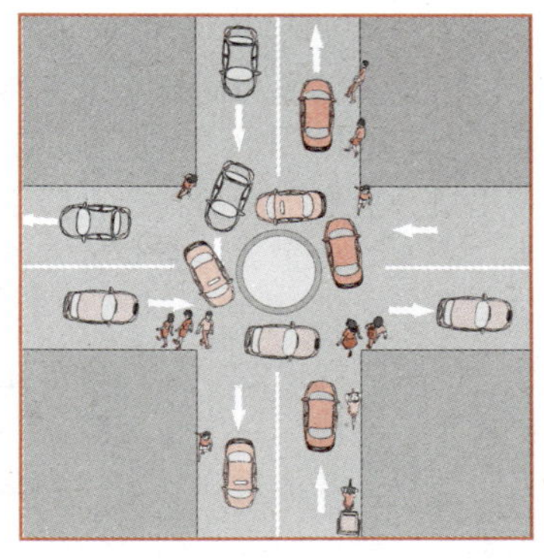

图3—44 无信号灯、一条道环岛

十一、胡同行车方法

(一)胡同让行（图3—45）

在胡同里行车，虽然比自由市场容易些，但随时都会有危险。如果是第一次在胡同里行车，特别是窄小胡同，可一挡慢走，当胡同宽一些时，可以加二挡，不加速，用发动机控制车速。如遇行人、自行车时，需先踩离合后踩刹车。情况解除后，你感觉车速还够二挡速度，轻抬离合踏板接着走，如速度很低了，这时需要减一挡。遇到路口时，随时备刹车，以防突发情况的发生。

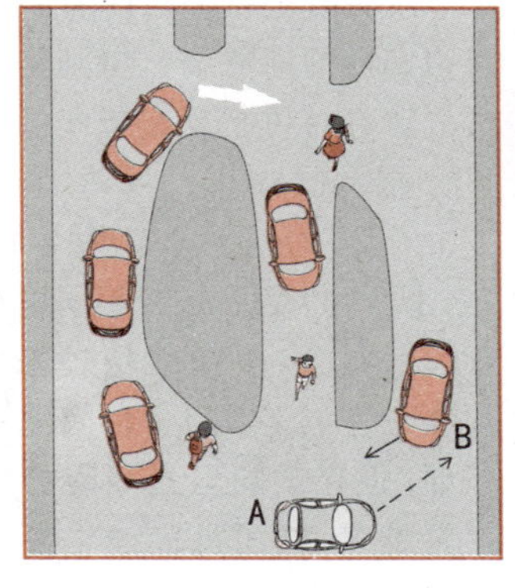

图3—45 胡同让行

A车左转弯进口，必须让出口的B车右转弯走，而且转弯时一定要转大弯，路口绝对不能逆行，否则容易撞伤行人，后果不堪设想。

（二）胡同会车（图3—46）

在宽一点的胡同行车可占路3/5。对面来车时，先观察一下哪里适合会车，同时把速度降下来，会车后再走，否则双方谁都过不去。

按照法规规定，是进口车让出口车，有障碍一方让无障碍一方。如双方都能遵守规定，会车也就容易些。但在胡同里会车有时也不要太教条，礼让对方，新司机尽量把车向右靠，让对面的老司机先走，这样既可以避免因窄路判断不好距离而发生剐蹭，同时也是文明行车的好事。

在胡同里行车有时看不到马路边和低的障碍物，特别是在会车、转弯时可把反光镜调低，出了胡同再调回来。

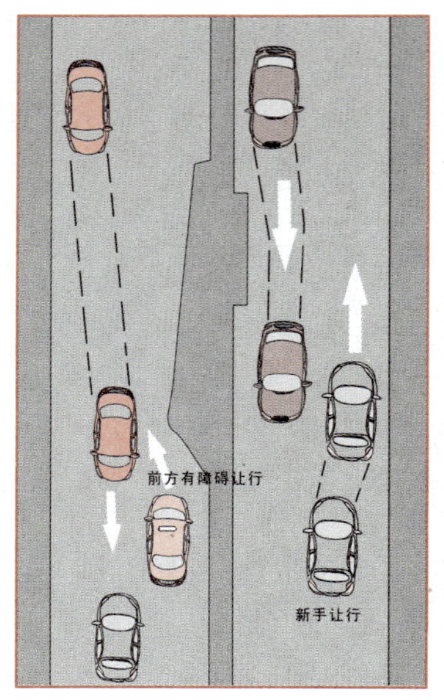

图3—46　胡同会车

（三）胡同转弯（图3—47）

图3-47是一张在胡同里右转弯的示意图。如果能倒过来看，就变成左转弯图了。在胡同里驾车难，但在胡同里遇障碍物转弯就更难了。新司机应该尽量避免走这样的路，待开过一段时间（1年左右）车后，掌握了较好的转弯技术、倒车方法后，这一“难题”就会迎刃而解。

图3—47　胡同转弯

4

第四部分

新司机行车技术提升
——王师傅支招二

一、并线入门解决盲区

二、窄路行驶

三、停车入位

四、行车中的前后左右距离感与视线夹角

五、该走就走，该让就让

六、遇到警车、救护车如何让行

七、自动挡汽车的驾驶

八、新司机不要用新车练习

一、并线入门 解决盲区

并线是行车中较难的科目，并线的种类有快速并线、中速并线、低速并线、减速并线、标车、贴线、解决盲区并线，还有加减速，划弧、并线。

小贴士：

非正规并线举例

◎图4—1中，公交车进站后A车司机减速慢，或离公交车近，边打方向边看反光镜，侵占了左边正常行驶的车辆的路权，有了事故要负全责。

◎一般来说，5° 角就可以并2条线以上，图4–1中B车并线打方向45° 角太大，危险。

◎图4—1，左侧车辆向右挤，C车不踩制动，未看反光镜就往右侧并线，待右侧汽车鸣笛，又向左打方向，很危险。

◎看反光镜时间过长，车辆已斜到反方向了。如果是老司机看左反光镜超过2秒钟，汽车也会向右斜一点，新司机看2秒钟以上，车辆就更容易倾斜。

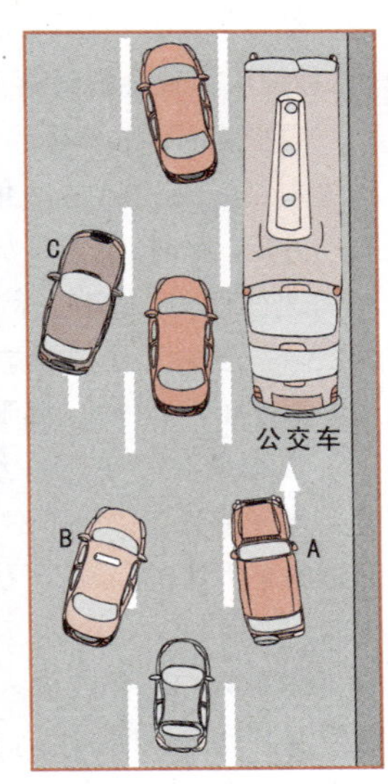

图4—1 非正规并线举例–1

◎图4—2，B车司机开得很慢，跟不上左、右车辆的节奏还想并线。如果此时是看好了车距，车速也需要加速才有可能并线。车辆跟不上左右车的节奏，差的是两拍，加速并线也比旁边的车辆慢一拍，并过线也会别左右车辆的。

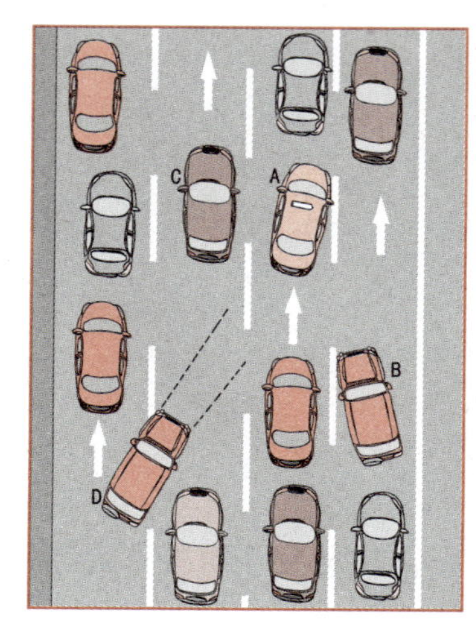

图4—2　非正规并线举例-2

◎图4—2，C车目前的位置若想并线必须眼快、脚快、手慢动方向，但假如打转向灯想一下，看反光镜想一下，加速再想一下，3秒钟过去了，情况也随之变化了。并线需要三合一式动作。

◎图4—2，D车并线已进车道一半却还在向右动方向，是不对的。一般来说，并线进车道五分之一已经足够了，不要再动方向，否则2秒钟汽车就会斜到第三条线。

◎图4—3，A车从环线辅路入口进主路，车已斜到45°角，还不向右动方向。此时，前方是加速带，若不加速往前走，影响左侧汽车。另外，A车马上就会压过紧急停车带，在紧急停车带上行使，属于违章。

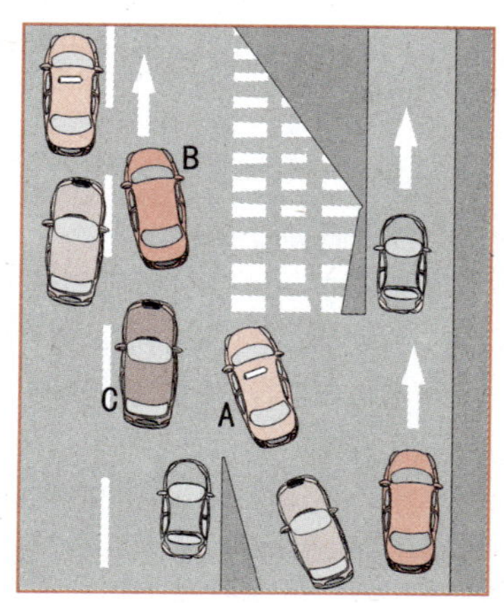

图4—3　非正规并线举例-3

◎图4—3，B车并线前不加速，却先动方向，是不对的。此时后边的车不让B车，B车又不得不回方向。

◎图4—3，并线进入车道后，前方若有车，则必须减速，有时还需要踩制动。此时，由于C车并线时加速了，因而车速会比前车快，所以进入车道后，应该减速，甚至踩制动，否则晚了，就会有危险。

（一）并线入门，解决盲区（图4—4）

1．跟上车流，看旁边汽车的大灯判断车距、车速。

2．先加速同时打转向灯后动方向盘几度，先动两三度，再回方向一两度，回方向时比打方向少一倍，这样汽车就会斜线进入车道。加速并线，A_1车司机从左边反光镜看到后车一个大灯，说明车距比较小不能并线。A_2司机从反光镜内看到B车的两个大灯，说明距离远可以加速并线。

3．A_2车司机从反光镜看到后边两个大灯突然放大，说明后车车速比自己快，不能并线。

4．B车司机从左侧反光镜里看到C车的两个大灯，这时加速并线，少动方向，即使C车司机也在加速，B车司机并线没有什么危险。通过B车并线你是否理解，如果B车再少动点方向加点速，C车就是再加速也不会有危险。

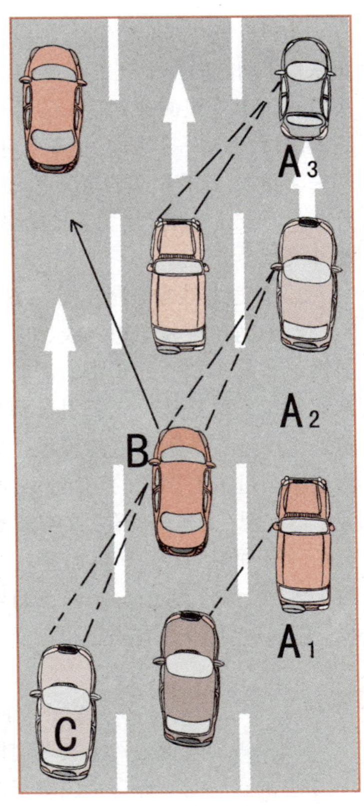

图4—4 并线入门解决盲区

（二）几种常见的并线方法

1．贴线并线解决盲区（图4—5）

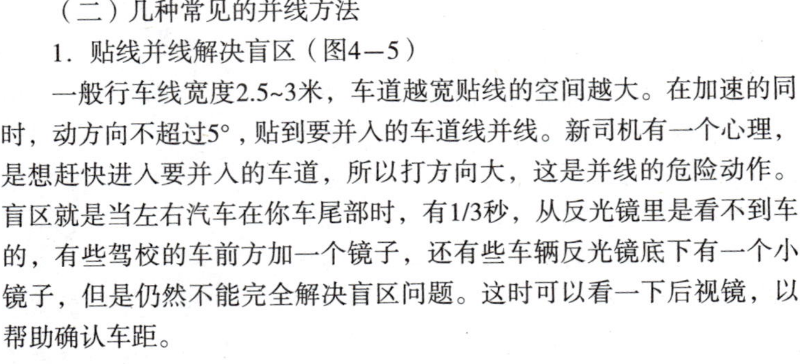

一般行车线宽度2.5~3米，车道越宽贴线的空间越大。在加速的同时，动方向不超过5°，贴到要并入的车道线并线。新司机有一个心理，是想赶快进入要并入的车道，所以打方向大，这是并线的危险动作。盲区就是当左右汽车在你车尾部时，有1/3秒，从反光镜里是看不到车的，有些驾校的车前方加一个镜子，还有些车辆反光镜底下有一个小镜子，但是仍然不能完全解决盲区问题。这时可以看一下后视镜，以帮助确认车距。

A_1司机想并到B_2汽车道，但没看到B_1车，由于采取了动方向少于5°的措施，盲区问题就解决了。即使B_1车没减速到达B_2位置，A_1车司机贴到虚线，往回动一半方向，也不会有任何危险。如果动轮大，没有B_2车的情况下，也容易和内侧并线汽车发生危险。说明了只要动轮少配合加速并线就会安全。

2．减速并线看车尾（图4—6）

当车辆在行驶中想并线，由于本车道车很慢，和前车拉不开车距，需要减速并线。减速并线，就是从反光镜里看到旁边有一车较近，后边有车辆的距离较远，需要减速，待这辆车过去看到它的车尾，大胆加速进入旁车道。现在B车司机看到右侧车辆有并线的车距，必须追着C车车尾加速。否则，后边的车辆马上就到近前。同样，如果往左侧并线，假如追着A车车尾进道也一样能并线。

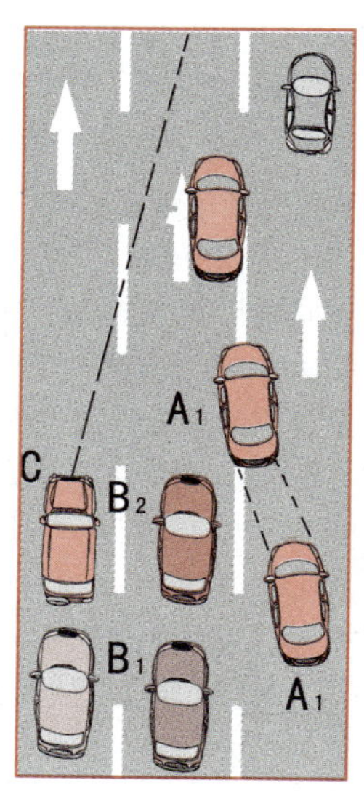

图4—5　贴线并线解决盲区

小贴士：

有一点需要说明的是实习司机在有三条汽车道的路上，不允许走内侧车道，如发生交通事故需要负全责。

3．标车并线（图4—7）

标车并线是指标准前车的车头。如果向左并线，汽车已经进入行车线1/4后，如能看到前方车辆的车头则表示宽度是安全车距，这时就不要再向左动方向，需要向右动点，以免妨碍旁边车道的车辆。如能掌握了这种并线方式，说明你已经在并线方面入门了。

如A车向左并线时，已经过线接近1/4，不

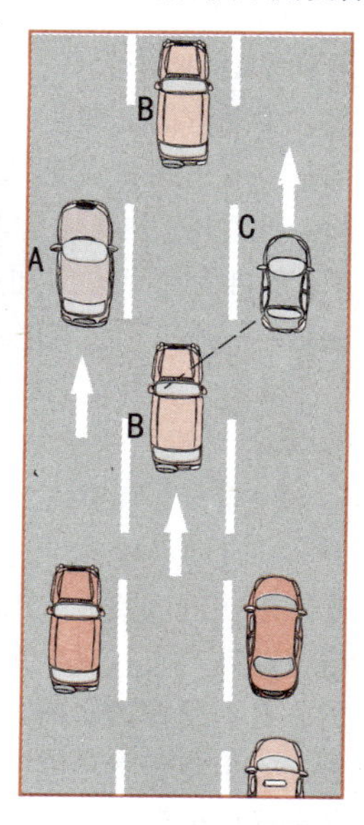

图4—6　减速并线看车尾

应该再向左动方向，需要向右动轮，看到B车的车头和B车保持安全车距，同时，不会影响左边的车辆正常行驶。B车如果在虚线前，也需要向右动方向。C车向右并线，汽车过线也不到1/4，往左动一点方向，不会影响右边车辆，标着D车的车头是0.5米的宽度，也是安全的。

4. 中低速并线（图4—8）

这是四环路主路，有四条行车道（右边实线内不准走，是紧急停车带）。在早晚高峰车辆多时，车速有时低于每小时30公里以下。在速度低时，车辆的密度就会增加，并线的难度也会增大，但如能掌握了前几种并线方法就能够容易些。低速并线与中速并线不同的就是眼、手、脚要快，判断快，几秒钟右脚就要动两次，方向要少动，敢加速，随时踩制动。

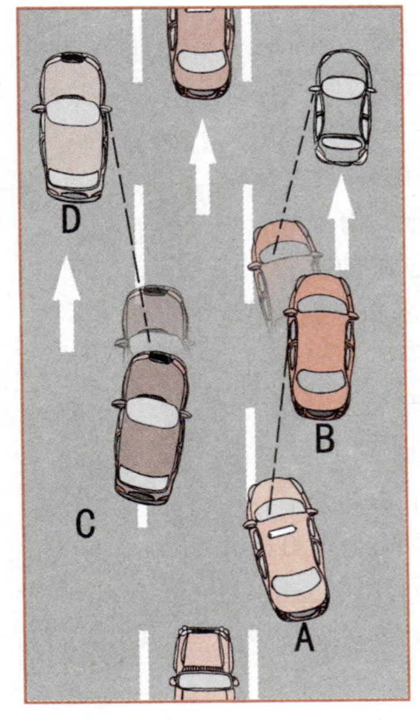

图4—7 标车并线

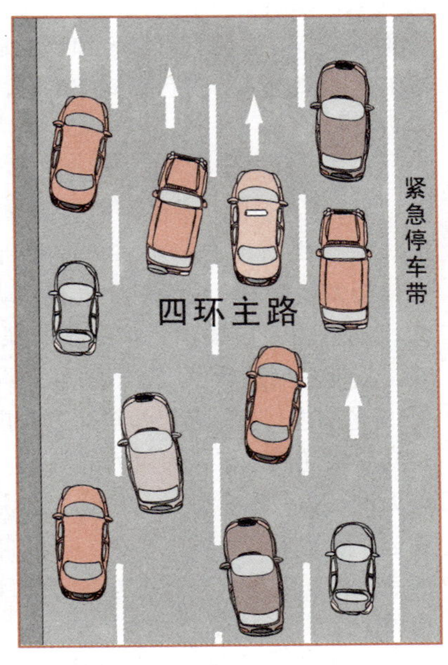

图4—8 中低速并线

二、窄路行驶

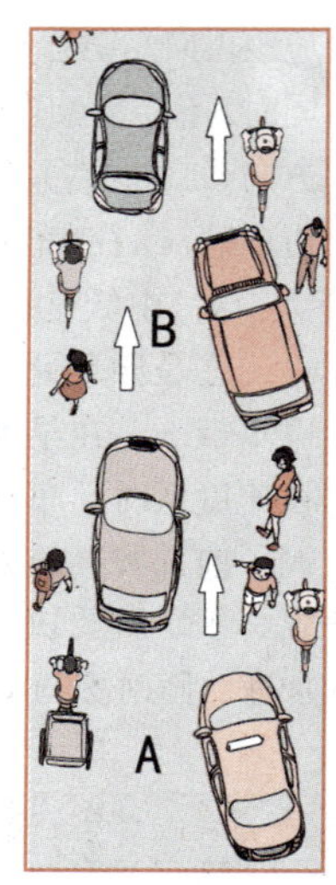

图4—9　在无行车线的窄路行驶

（一）在无行车线的窄路行驶（图4—9）

在窄路行驶时若没有行车线则马路中间就是汽车道，右边仍然是非机动车道。

A车离行人3米时打方向感觉很危险，对面有汽车，也有自行车和行人，B车离自行车2米时打方向盘，对面汽车过来了，赶紧踩制动，给骑自行车的人吓了一跳，这种行车处理情况在老司机当中是不多见的，直接给自行车和行人造成险情，也给自己带来恐慌。这是新司机行车中遇到的问题，原因是对窄路行车没有经验，综合技术方面掌握不好。骑自行车者和行人是弱者，不该靠右走，离行人、自行车5～8米时，有条件提前动方向躲开。

（二）窄路行驶不要尾随自行车（图4—10）

窄路行驶中，不要尾随自行车走。有条件时，应该提前动方向左靠，否则到了眼前再打方向会发生危险，因为对面也有机动车和非机动车，动方向一定要少。如果没有条件避开自行车，提前踩制动就可以了。另外，汽车要在马路3/5的范围内行驶。自己车辆前边的自行车很难发现身后跟随的汽车，而对面的汽车、自行车是看得见汽车的，不会有什么危险。这说明危险不在左边，右边最容易发生事故。一般自行车骑行速度越慢晃动就越大，汽车与右边的自行车的宽度应该保持在1米左右。

如A车方向动得少，车辆到了自行车旁边自行车还在向前走，此时如果没有危险就可以安全通过了。

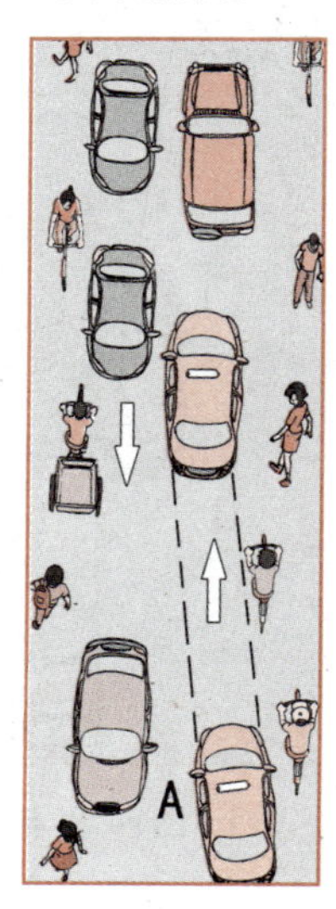

图4—10　窄路行驶不要尾随自行车

（三）窄路行驶“欺左不欺右”（图4—11）

A车司机离行人8米左右就应该动方向了。因为，行人比自行车慢，汽车到行人后边两三秒钟，就应该提前向左靠，为前方可能有情况提前做好准备。现在A车已经到B位置，对面行驶的汽车开过来了，不要害怕，向左靠，不会有危险。要知道马路一车一半，既合法又合理。只要注意两点，一看对面有没有空间，二要提前向左靠。符合这两点，就是公交车也会给你让开一条路。

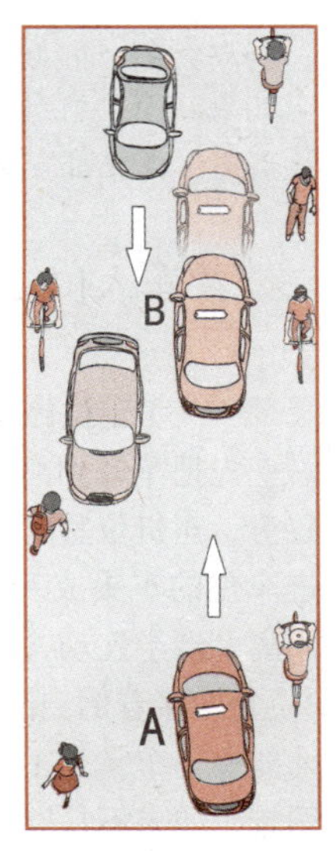

图4—11 窄路行驶“欺左不欺右”

（四）窄路行车“讲安全不讲理”（图4—12）

窄路行车像划弧，向左划一个弧，向右划一个弧。既能保证行人、自行车安全，也能使自己在会车中无危险。如在宽一点的路画一个大点的弧会容易些。知道了这种方法，对以后驾驶车辆会有益处。窄路行驶欺左不欺右。不要在自行车、行人后边走，应在他们左侧才安全。当然，特殊情况只要踩制动就可以了。

（五）“四点一线”有危险（图4—13）

“三点一线车要慢，四点一线车要站。单车让串车行，不插挡儿，不抢行，车速稳，按道行，宽打窄用保安全”。

窄路的三点一线就是两辆汽车和一辆自行车并排。四点一线就是你的汽车和对面汽车，再加上一个人或一辆自行车成一条直线。当然，宽点的马路还有可能出现五点一线的情况。

如A、B车司机同时走，与左右的自行车、行人就会变成

图4—12 窄路行车“讲安全不讲理”

"四点一线"，路窄，强行走有危险；此时，A车如果减速，就会变为"三点一线"，慢点走，让点道，大家都安全。

图4—13 "四点一线"有危险

三、停车入位

（一）正位停车（图4—14）

先把车开到离车位宽度2.5~3米位置（图1位置），司机位置对准本车的最后一个窗口，与要进车位的车头成一条斜线（图2位置），然后使用离合器半连动，边走边向右打方向到头。到图3位置，接着倒到图4位置，一定要慢倒，看前方才能校正车是否正，车正了，踩制动停车，原地回轮，如果不是原地回轮，新司机边走边回方向车辆容易倾斜，经过几次的练习，熟练了再边走边回方向。当车辆斜成45°角回方向最适合。

小贴士：

由于新司机不能均匀打方向，所以在车辆斜到90°角时如图，看一眼反光镜，如果感觉离旁边车很近，就往左打方向一圈，倒车半米，然后仍然向右把方向打到头。如果离右车有点近，可调轮半圈或四分之一圈即可。

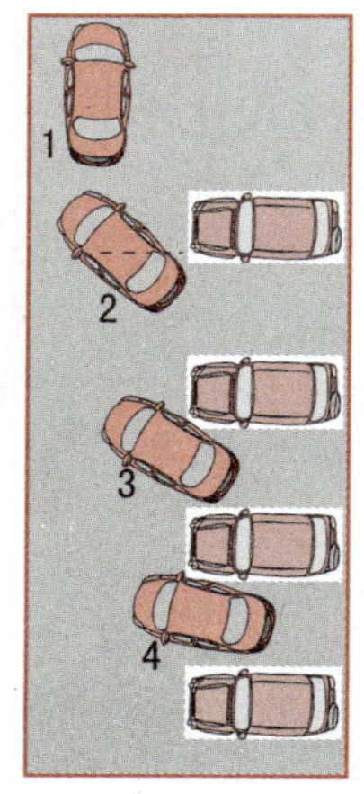

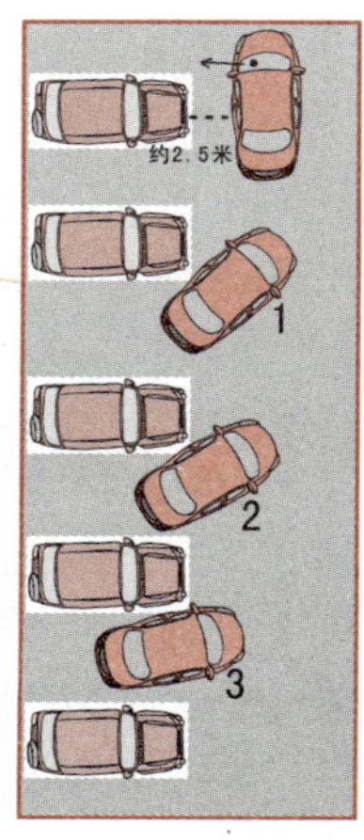

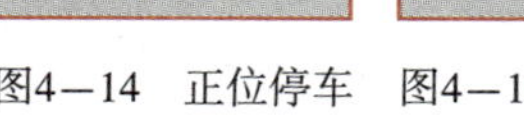

图4—14 正位停车　图4—15 反位停车

（二）反位停车（图4—15）

由于单位或小区的车位停车已满，有时需要反位停车。反位停车比正位停车要难些，不好回头。停车位置和正位一样，先把车停离左边车宽2.5米左右。然后，向后倒车，这一次以司机位置为准，与旁边车相隔车的中间车线位置（图1位置），边倒边向左打方向到头，待车到图2位置，看一眼反光镜，如果近，向反方向打一圈或半圈约半米，然后，把方向向右打到头。车到了图3位置看前方，车正踩制动停车。

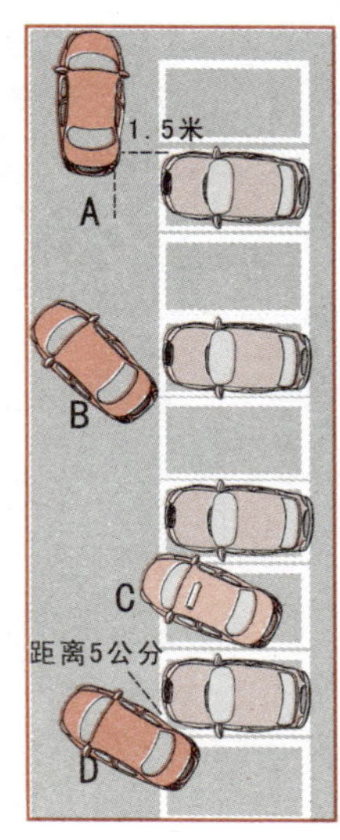

图4—16　小停车场正位停车

（三）小停车场正位停车（图4—16）

新司机经过一段时间的停车入位练习，手脚会协调一些，遇到小停车场地方窄，不能按照第一种方式停车入位（离右车2.5米），这里教的方法可做到离右车宽度1米、长度2.0米至2.5米的距离。如果感觉不好可下车校正，然后用联动点边打方向边倒车，当车斜至90° 角前看反光镜，这种倒车离右车是比较近的，离右车10公分左右可以进入车位。

小贴士：

如果司机不熟练，可离右车1.5米宽、长1米（如图中A），下车校正一下是否精确，在原地把方向打满。当车斜到90° 时，如果距离大于10公分（如图中B）就不会有危险。如果太近，向前提车，向左打方向再回方向就可以了（如图中C、D）。

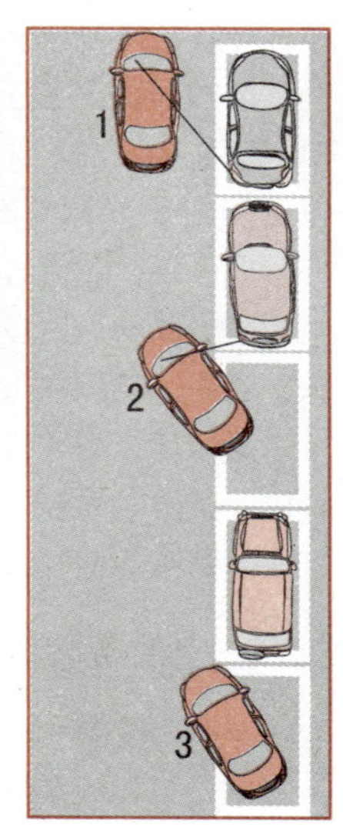

图4—17　侧位停车

（四）侧位停车（图4—17）

第一步（图1位置），车先停到离右车半米位置，在司机位置看到离你近的第二个窗口对准旁边车的尾部，也就是和司机位置成一条斜线，然后向后倒二、三公分。

第二步（图中2位置），原地向右转方向到头慢倒，只看左边(因车头向左移动，左侧会有正常行驶的车辆)，汽车到90° 角时停车，此时司机应对准右车门中间1/2位置，和旁边车的车尾成一条斜线。

第三步（图3位置），原地回轮，现在开始看右边，待右车头与前车尾接近前，看前车保险杠，如能看到保险杠肯定没危险，看到汽车快直了要慢倒看前方确认车位是否正，然后回轮。

小贴士：

1.如果车辆只有一个窗口，当在司机位置看到后窗口与右车的车头或车尾对齐后不用再向后倒两三公分。

2.如果停车与右车大于宽度1米，司机对准边车车头时也不要再向后倒车两三公分。

（五）侧位停车（活倒）（图4—18）

活倒就是边走边倒，比死倒难以掌握，这种活倒也不能只通过看反光镜来判断左右车距，因为用反光镜判断进侧位车位，对新司机是一个难题。

第一步，和前页死倒时停的位置类似，这次是活倒入位。先直倒，待驾驶员位置和右反光镜与右车两个门的中缝对齐，成一条线时向右边走边打方向。汽车利用离合联动点，慢倒，方向盘向右打到头，到图2位置。

第二步，当司机、反光镜和右车后尾灯成一条线时先停一下校正，然后向左边打方向到头。此时若能看到保险杆就不会有危险。

第三步，汽车到图3位置时，快速向右回方向，踩制动。

（六）开进左停车位（图4—19）

汽车要想开进停车位，离左侧的车越

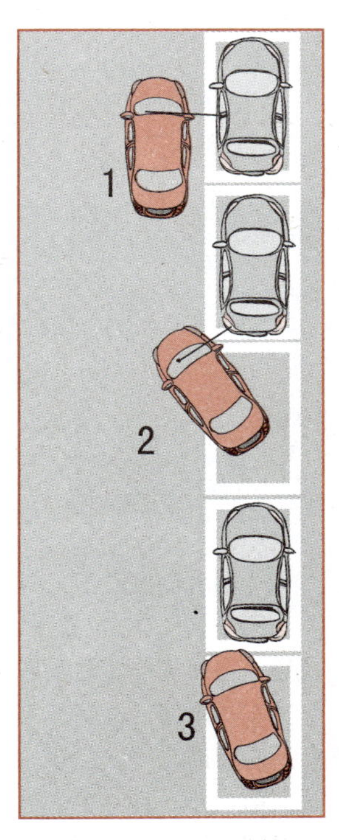

图4—18 侧位停车“活倒”

远就越好进入停车位，开进车位之前A_1车打方向合适，不用打满轮就可以进入车位，如果车再往前开半米，就需要打满方向了。如果再向后退半米，慢打方向也来得及进车位。A_1汽车司机看B_1汽车的左车尾，只要自己的右车头能过去就很安全。

A_2司机快到B车尾之前需要减速确认，眼睛标着前方应空位1/4合适。A_3这时已进入车位不要向左再打方向，需要慢回轮，汽车就会停得比较正。总之，如果遇到停车场宽度不够，停车时离车位越宽越好进入。

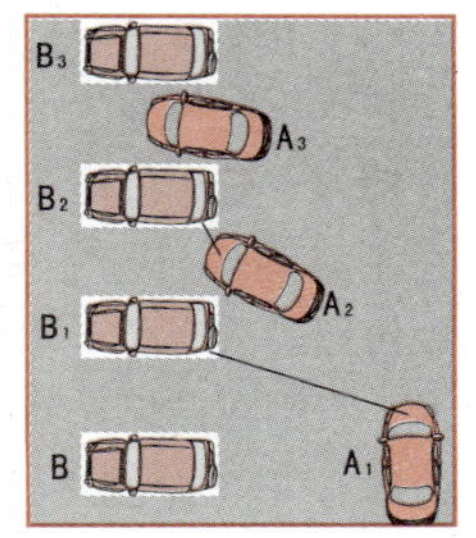

图4—19 开进左停车位

（七）开进右停车位（图4—20）

此时进右停车位，不要贴着B车走，因为转弯到了45° 角时容易和右边车贴上，而且新司机对右侧的距离感掌握不如左侧熟练。右转可以先动点方向，对车的方向感确认一下有好处。斜线开过去，只要车辆的车头接近B_2车头，能看到B_2车的保险杠，把方向打到头，确认左车头过去了再回方向就可以保证安全。

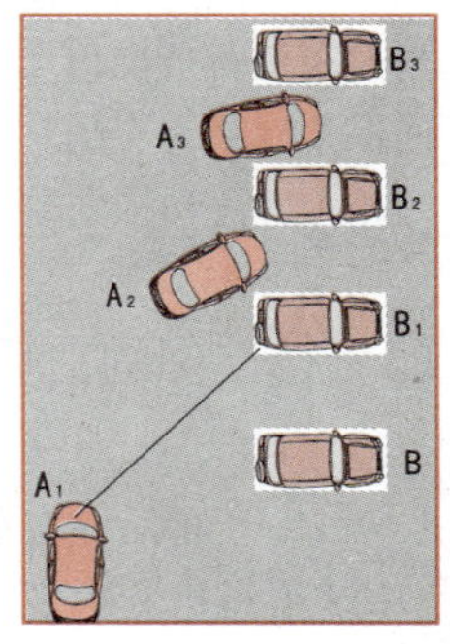

图4—20 开进右停车位

（八）斜位停车（图4—21）

有一些非正规停车场和小区等地方车位是斜的，如果场地大，离右车宽度距离远，按照正位停车方法可进入车位。

A车因受场地的限制，不能停车到离B车较宽的地方。即使在现在停车的位置，如果把方向向右打到头，看右反光镜，也可以进入斜位。如果在这种朝向的斜位想直接开进车位需要有较宽的地方，先向左打方向，再向右转一个大圈，如果进车位离右车近，可以倒一下车，再开进车位。如果斜位置反朝向，直接向右打方向就能入位。这也是斜位最容易停车的一种。

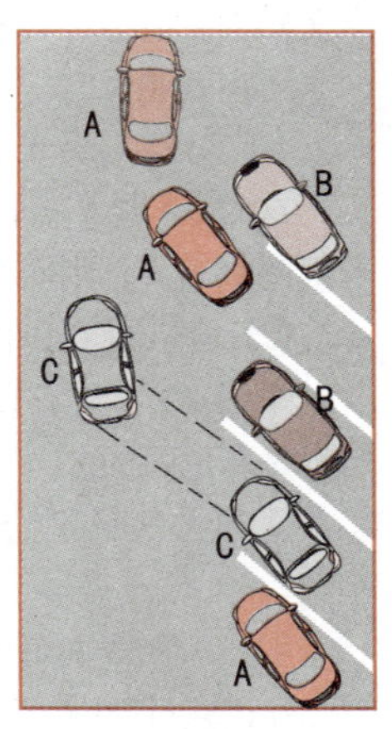

图4—21 斜位停车

（九）反方向侧位停车（图4—22）

在小区等地方也有侧位的反向停车，这种停车比侧位停车的正向还要难。原因是不好确认目标。按侧位停车的方法，也可以进入车位。本车离左车宽度0.5～1米，直倒在左反光镜对准左车两个车门中缝时停车（左图），慢倒向左打方向到头，反光镜对准车左尾灯停车（右图）。在对左车尾灯时，向右打方向边走边倒。当左车头接近旁边车的车尾时能看到左车的保险杠是安全的。当车斜至45°角前快回轮（方法和正向侧位停车一样）。

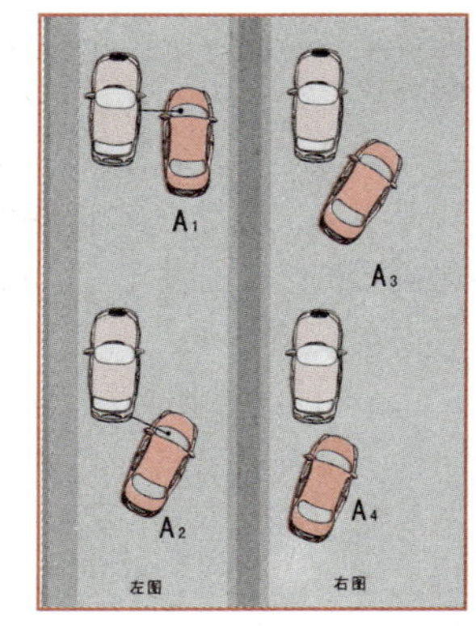

图4—22　反向侧位停车

四、行车中的前后左右距离感与视线夹角

（一）前后左右距离感（图4—23）

A车司机看后视镜或回头看C车，如能看到C车的雨刷器，这时车尾部与C车车头距离约有1.2米；看到C车上方越多，两车距离就越近。

A车司机从反光镜看到D车的一侧车头，这时D车离A车车尾约有2米远；若能看到两侧车头，则两车相距约5米。

B车司机看到E车车门下方的横条，这时车头离E车约有1.5米，此时打方向慢转弯是有危险的。

这种方法只适合有车头的车和一般车型。

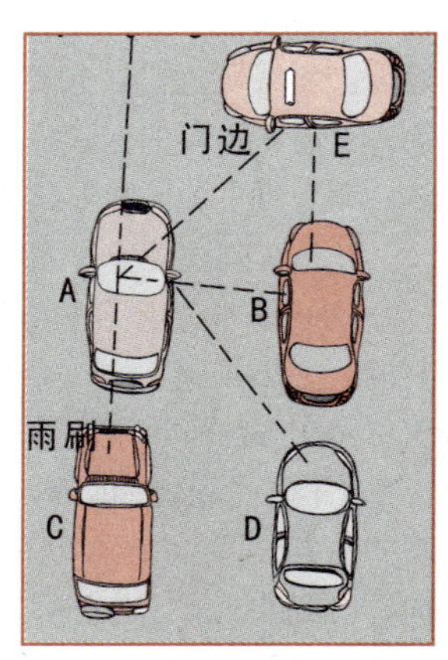

图4—23　前后左右距离感

（二）视线夹角（图4—24）

在道路行驶中，经常会遇到一些行人、自行车、三轮车等。A司机遇到左边有行人右边有自行车的情况。在车辆离行人、自行车2米左右时，要

掌握三个要点，第一点就要收油备刹车，第二点看车与左右行人和自行车的两侧距离可否通过，第三点靠发动机控制车速通过。

B车司机和A车司机遇到的情况不一样，夹角的人和自行车比较近，B车司机这时不要动挡，而应先处理情况，就是先把速度降下来再减挡，这样才安全。

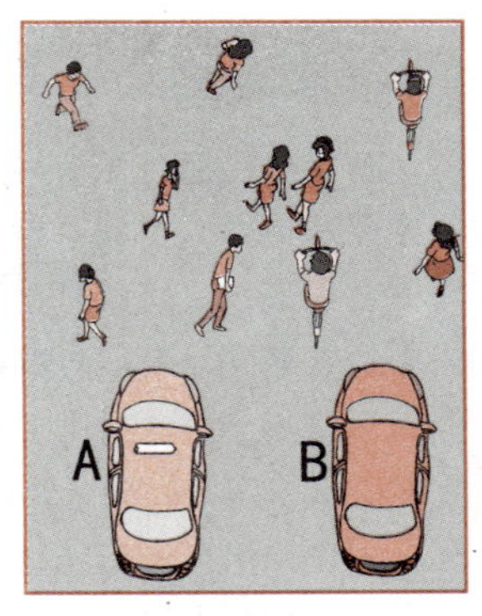

图4—24 视线夹角

五、该走就走，该让就让

（一）有信号灯的路口（图4—25）

新司机不容易掌握走与让的方法，这主要是经验、胆量、综合技术和法规的认识不足所致。在道路行驶遇到无信号灯等地方或走或让必须做出一种选择。

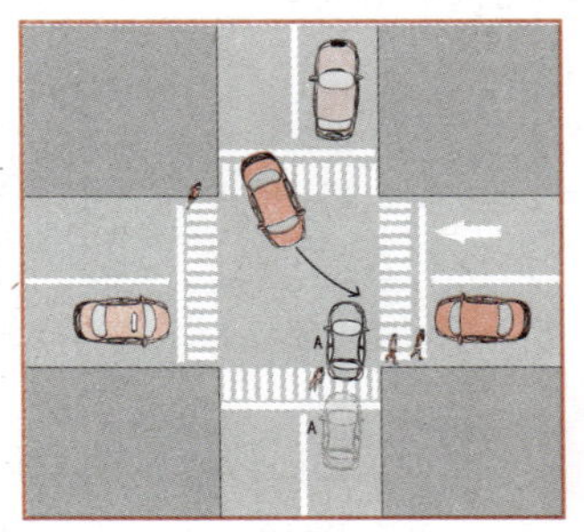

图4—25 在有信号灯的路口

图中A车司机遇到人行横道行人没有让，而是让了对面左转弯汽车。当通过路口时如果人行横道有行人且距离自己车辆很近必须让行人通过，是正确的选择。在车辆直行时多选择走，如果总是让，会使汽车行驶很不顺畅，而当转弯、掉头、并线时多选择让。

（二）不要和非机动车抢行（图4—26）

A车司机在右转弯时和左边的自行车、行人抢行，这是最不应该的。右转弯本身就无路权，需要让车辆和行人。但是A车司机因没控制住车速，属于抢行，很危险。

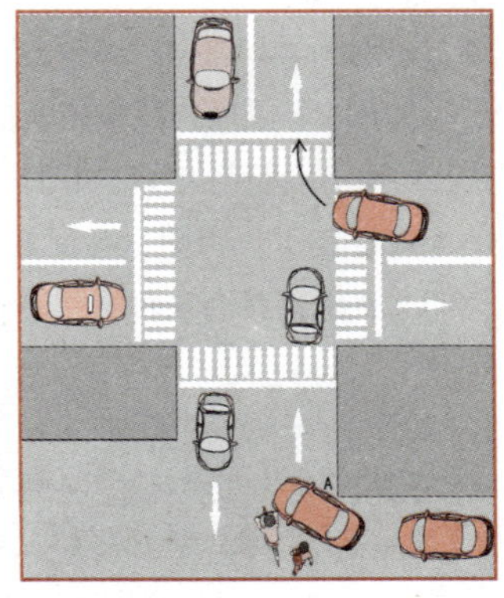

图4—26 不要和非机动车抢行

（三）通过无信号灯的路口时让干路先行（图4—27）

新司机在通过无信号灯的路口时一定要知道，支路让干路车先行，干路就是大道，支路就是小道。在行车当中经常遇到没有信号灯的路口，支路、干路不分，这时需要让公交车、重车先走。右转弯的车让左转弯的车，进口让出口的车先行。机动车停车后，自行车可以借道行驶，此时汽车也应该让行。

图4—27　通过无信号灯的路口时让干路先行

小贴士：

在无信号灯的交叉路口让行，直行时需要先看左边，再看右边的车辆。到了路口一半的时候，需要看对面的车辆，还要知道在同样直行时需要让右边的车先行。

（四）双线行驶（图4—28）

双线行驶的大路口一般都会有信号灯，但是一些大路之间的路无信号灯，是对新司机的一个考验。

如图A车司机直行应该坚决点，右边E车就不会抢行出口，B车司机跟上前车就好走了。否则，对面的C车见和你的车有距离就会左转弯闯过去。

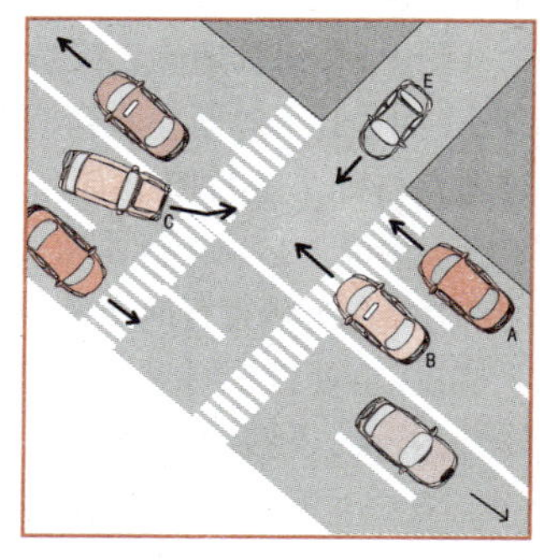

图4—28　双线行驶

小贴士：

车辆在行驶中感觉有情况备刹车或轻踩制动，情况解除了接着走。让行有时也不需要把车停下，而是减速，和车辆、行人打一个时间差，等对方过去再走，既做到了让行，也保障了安全。

六、遇到警车、救护车如何让行

（一）遇到警车、救护车鸣警笛时需让行（图4—29）

遇到警车、救护车等鸣警笛车辆必须让行，这是交通法规的规定。新司机在让行时存在两种情况：

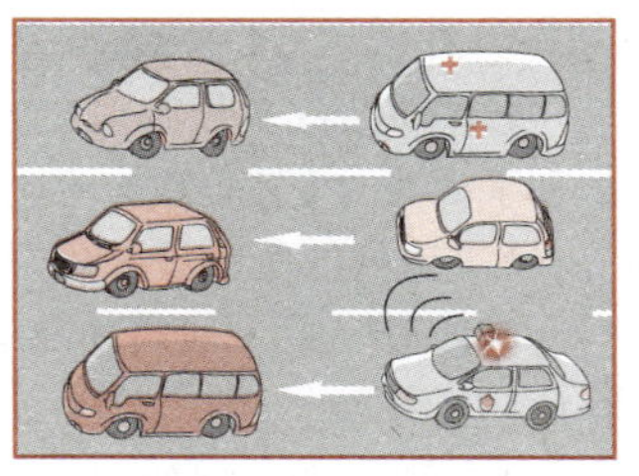

图4—29 遇到警车、救护车鸣笛时需让行

第一种情况，听到后边警笛响心里有点紧张，慌乱并线不加速，或者打方向太大。一般在交通流量较大的路面不加速不好并线，打方向大也容易发生事故。正确的做法是：当后边有警车鸣警笛后，先看反光镜、后视镜，判断是哪条车道的车。如果不是本车道的警车你正常地行驶就可以了，如果是本车道的警车也需要看反光镜，确认安全后再并线。

第二种情况，在长安街行驶时经常会通过车队，这时一定要听从交警的指挥。一般遇到大车队，看其他车辆的动向，可以走公交道，车辆跟上前方车就可以了。

（二）警灯闪亮、警笛没响（图4—30）

新司机遇到这种情况时，一定要把车速开起来，但是新司机一般跟不上前方车辆，所以还是选择让行为好。如果没有让行的条件，只能加速再找机会，否则后车催促会使自己更加慌张。

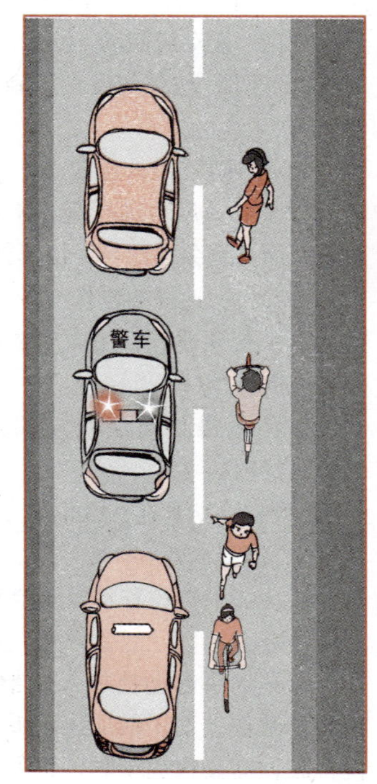

图4—30 警灯闪亮、警笛没响

七、自动挡汽车的驾驶

（一）自动挡汽车与手动挡汽车的区别（图4—31）

1.自动挡汽车没有离合器踏板，变速杆和手动挡的变速杆也有不同。

2.变速杆的位置与作用

P驻车挡　驻车或启动发动机时应在此挡位

R倒车挡　倒车时使用

N空挡　不传动力挡

D驱动挡　用于通常行驶

二挡　发动机制动，必要时使用

L低速挡　较强的发动机制动，必要时使用

OD超速挡　挂入超速挡，就会以规定速度以上的速度自动行驶，不仅可以节省燃料，而且还会以低噪声快速行驶

（二）变速杆的操作

◎手扶变速杆，用大拇指向右轻按加前进或倒车挡位。

◎必须踩制动踏板方可加前进挡或倒挡。（图4—32）

◎挡位必须在P挡位置，钥匙才能拔下。（图4—33）

◎从一个挡位移动其他挡位时必须踩制动踏板。

◎车辆在起动挡加入D挡位后，需慢抬制动踏板，不用踏加速踏板，汽车会缓慢行驶；需要快起车时，也不要猛踩加速踏板，否则车会向前窜行。（图4—34）

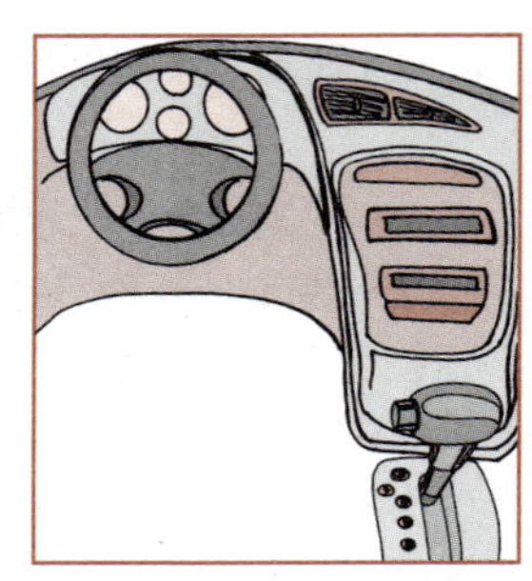

图4—31　自动挡车操控系统

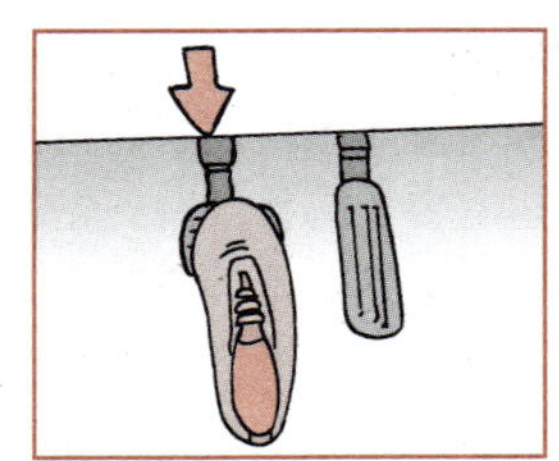

图4—32　必须踩制动踏板方可加前进挡或倒挡

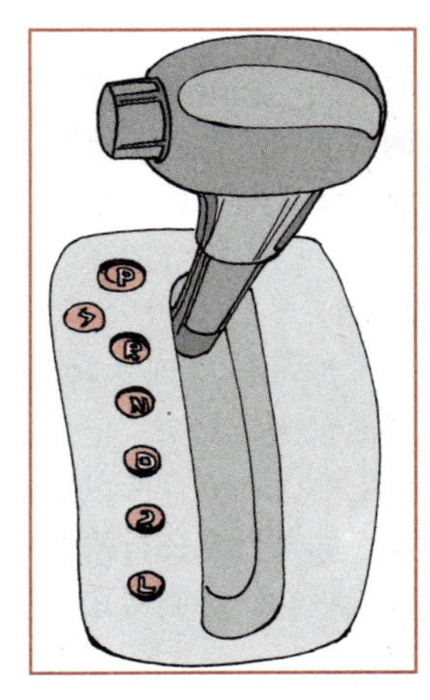

图4—33　挡位必须在P挡位置，钥匙才能拔下

◎在倒车遇行人或停车入位时，脚只需轻抬一点制动踏板，不要全抬起来，仍可以像手动挡离合器联动点控制车速一样对车速进行控制。

（三）自动挡车辆起步

1.点火起发动机时，挡位需要在P位置，并确认手刹是否在制动位置。（图4—35）

2.点火时，用钥匙向右转一下，1秒钟即松手。电喷汽车不需要踩加速踏板。（图4—36）

3.车辆前进时，从P挡挂到D挡位，先松手刹，轻抬制动踏板，汽车就会开始前进，起动后，再慢踩加速踏板。（图4—37）

4.在坡起时，只要脚松开制动踏板，不是很大的坡路就不会溜车，踩下加速踏板汽车就会正常起步。

（四）自动挡车辆停车

自动挡停车与手动挡停车方法基本一样。但自动挡比手动挡省事在于不用顾及挡位是否合适的问题了。只需收抬加速踏板，轻踩制动就可以停车。

在坡道需要停车时如果抬起加速踏板，汽车的速度明显降低，这是自动挡与手动挡最明显的区别。有时需要加点速，才能停到要停的位置。

当汽车停在坡路时，把挡位放到P挡位置，汽车会锁定变速器，不会溜车。下坡停车后，须挂倒挡位置。（图4—39）

图4—34 需要快起车时，也不要猛踩加速踏板，否则车会向前窜行

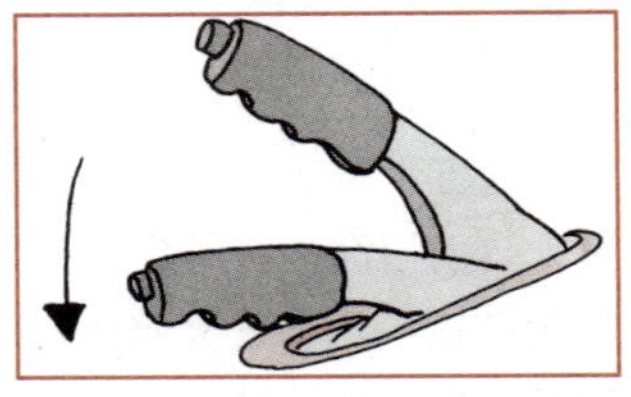

图4—35 确认手刹是否在制动位置

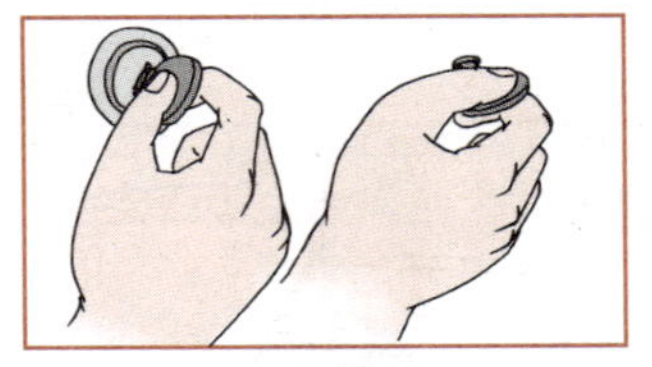

图4—36 点火时用钥匙向右转一下

图4—37 车辆前进时从P挡挂到D挡位

图4—38　自动挡位

图4—39　坡路停车时需将挡位置于P挡

（五）自动挡车辆加速与减速

自动挡汽车，把挡位挂到D挡位置，松制动后就会自动起步，轻踩加速踏板，汽车就会向前行驶，多踩一点加速踏板速度就会增加。减速时，抬起加速踏板，速度会降低，中速行驶时轻踩制动，速度就会明显降低。（图4—40、图4—41）

图4—40　松制动后会自动起步

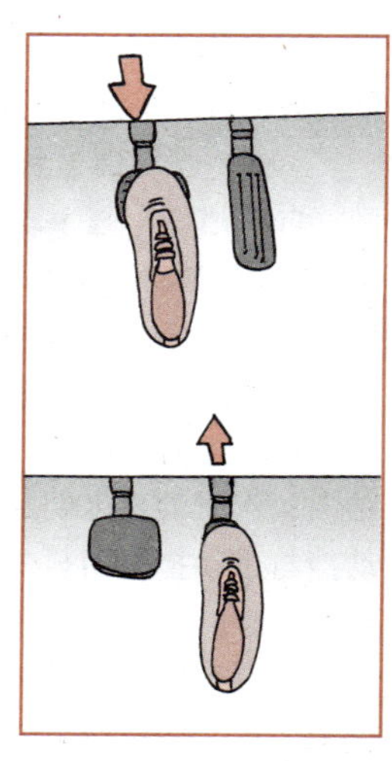
图4—41　轻踩制动速度明显降低

新司机在没有熟练掌握加速踏板用法之前，在普通道路上不要急加速，否则会很危险。因城市交通车辆、行人相隔距离很近，急加速时来不及踩制动，易发生危险。（图4—42）

图4—42 在普通道路上不要急加速

（六）什么情况下自动挡急加速

自动挡有急加速的性能，在行车中需要急加速时，脚只要用力踩加速踏板，汽车的速度就会明显增加。将这门技术应用得好，对行车是有利的。但是，如果使用不当也是非常危险的。在一般道路没有必要使用这种方法。

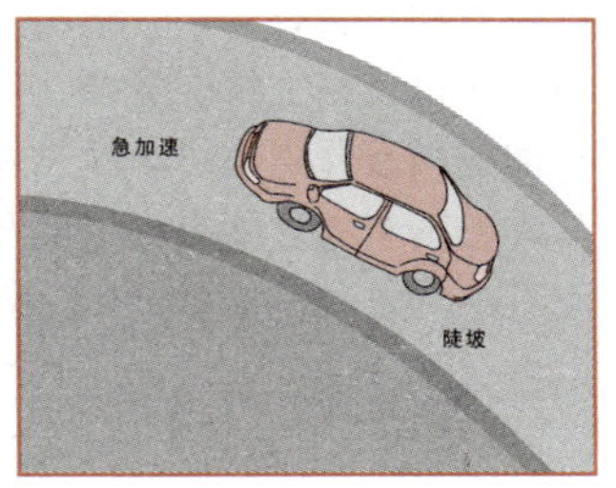

图4—43 在通过陡坡时

一般在以下情况下应使用急加速方法：

◎在通过陡坡时。（图4—43）

◎环线辅路进主路有加速带时（离前方车辆有较大距离时）。（图4—44）

◎超车时，进入高速公路时。（图4—45）

图4—44 环线辅路进主路有加速带时）

图4—45 超车时，进入高速公路时

八、新司机不要用新车练习

新司机最好不要用新车练习，因为新车有走合期，对驾车人有诸多“要求”。比如，不允许多加速；加减挡车速要和挡位相符（加减挡和车速不相称，将会直接给变速器带来损伤）；踩制动也要轻（否则对发动机会有伤害，影响发动机变速器的寿命）。而实际生活中，由于城市道路上情况复杂，新司机对很多情况不能提前作出判断，不是加速踏板踩得重了，就是发动机的转速过高，这对于走合期的车辆是十分不利的。如果一定要开新车，加减挡时发动机转速务必不能高于2 500转，也不能低于1 800转。

5 第五部分

特殊天气和环境下的驾驶技术

——王师傅支招三

一、夜间驾驶

二、进出地下车库

三、雨、雪、雾天气的行车

四、高速公路驾驶

五、在长安街上驾车注意事项

一、夜间驾驶

（一）使用远近光灯（图5—1）

夜间行车会比白天的视线差一倍以上。因夜驾车盲点多，特别是遇到路口，在灯光的照射下，发现行人、自行车会迟一些，所以驾驶夜行车，必须会使用远近光灯。

有15种情况需切换远近光灯：

◎过人行横道前；

◎汽车行走在弯路转弯前；

◎并线遇到有情况时；

◎通过盲区路口；

◎左右转弯时前；

◎汽车起步、停前；

◎超车、会车前；

◎遇到护栏有路口时；

◎通过铁道路口时；

◎进出高速公路主辅路时；

◎当对面车抢行时；

◎进出环线主辅路时；

◎在走山路或弯道前；

◎遇到行人越过护栏前；

◎在各种情况认为有盲点前。

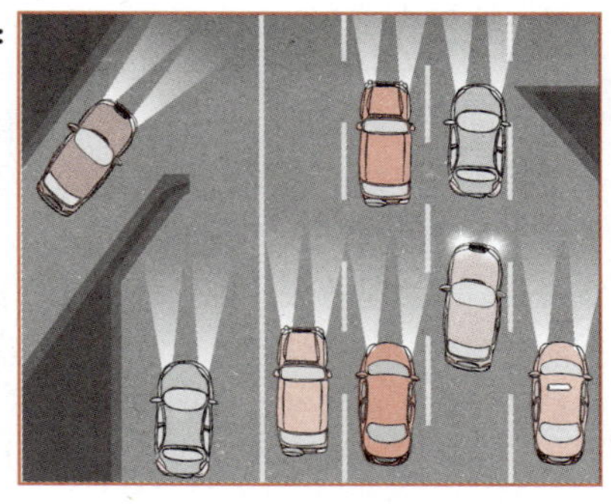

图5—1 使用远近光灯

（二）怎样使用远近光灯

汽车大灯开关一般在转向灯的开关左前边。向前转动一挡是小灯，再转动一下是二挡大灯；也有大灯在仪表盘左边的——向下按一下是示宽灯，再按一下是大灯。在路灯亮前的傍晚就可以开小灯，在路灯亮或天黑以后就可以开大灯。

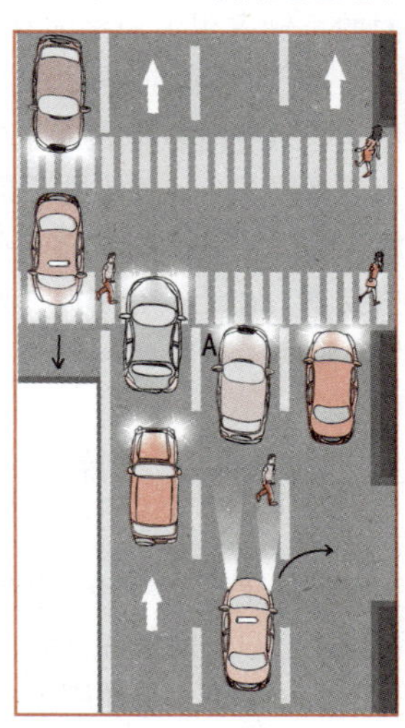

图5—2 在路灯亮或天黑以后就可以开大灯

变换远近光灯的用法：把大灯开关打开后，是近光灯，当需要用远光灯切换时，左手向上抬一下是远光灯，再抬一下就可回来，变成近光。新司机不要觉得打远光灯麻烦，远光灯是夜间行车时，汽车与汽车交流的语言。刚开始可能不熟练，需要提前练练，如果熟练了，左手抬一下就可把远光灯回位。如果发现蓝色的小方块亮起，则说明没有回远光灯。

（三）夜间窄路行驶（图5—3）

在夜间一般大路好走车，尤其是有隔离护栏或行车线的路况，视线盲点比窄路少很多。窄路行驶在无行车线的路上，视线很差，右边是行人、自行车，如果跟不上前方车辆，行人就可能从空当过马路，这是新司机面临的一个问题。

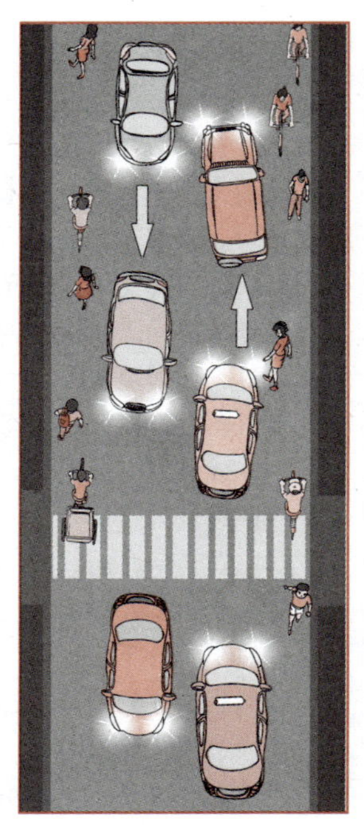

图5—3 夜间窄路行驶

新司机由于害怕对面的车不敢靠左一点走，这就给自己制造了更大的问题。对面的车辆占用了马路的3/5，而自己只占1/4的路。对面车过来了，自己还不敢迎面走，只能向右靠威胁行人、自行车的安全或者停车。这种难题不是用几句话可以解决的，需要平时掌握一些基本技术经验，多熟悉自己的车，总结一些要领，在还没有掌握一些基本技术时，先走简单路面或者白天多练练，避免走夜路。

二、进出地下车库

进地下车库右转弯的时候比左转弯要多，从地下车库上来时左转弯较多。只要能掌握方法，多练习几次就会有较大的进步。

（一）下一层地库（右转下坡）（图5—4）

如果开汽车还不熟练或没下过地库也不要害怕，用一挡走，比平地快一些，右脚备在制动上，提前转方向。遇到不好掌握时，就踩制动（车速降的不是很低时，不用踩离合器踏板）。当汽车接近一层地库视线不好时，可开大灯，轻踩制动。一挡汽车不是很慢时，不需要踩离合器踏板，到急转弯或汽车快停车时再踩离合器就可以了。

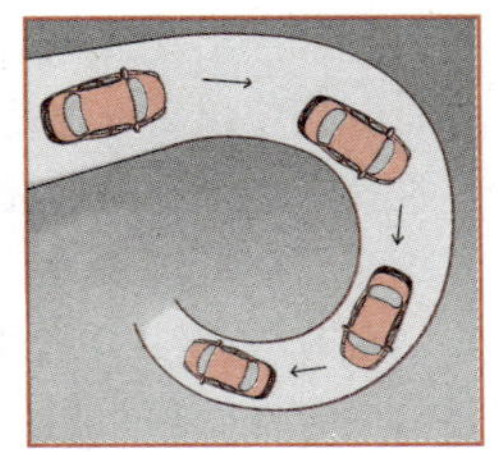

图5—4　下一层地库

（二）下地库二层（图5—5）

当汽车需要下地库二层的时候，因为是连续弯道，该提前动方向，否则来不及。随时备制动，弯急时边打方向边踩制动。由于是地库右转，拐的角度比较大，需要左右手交替转方向。快到二层地库口前需要慢点，找一下停车位置。

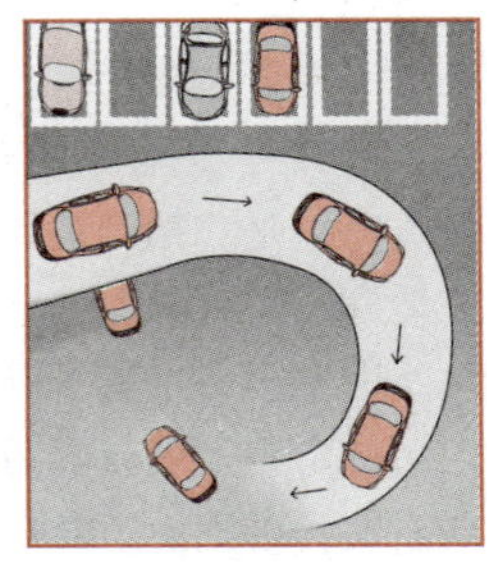

图5—5　下二层地库

（三）一挡右转出地库（图5—6）

出地库和下地库有所不同的是：下地库右脚多在制动踏板上，而出地库右脚主要在加速踏板上。如果不加速，汽车停了，就是大坡起，还有弯道，新司机容易溜车。所以一挡出地库，必须加速，还要尽量不踩离合器踏板，免得起车难。加速时，需要有连续性，方向要不断地转，如果感到转多了，停一两秒钟，这样就可以顺利出地库。

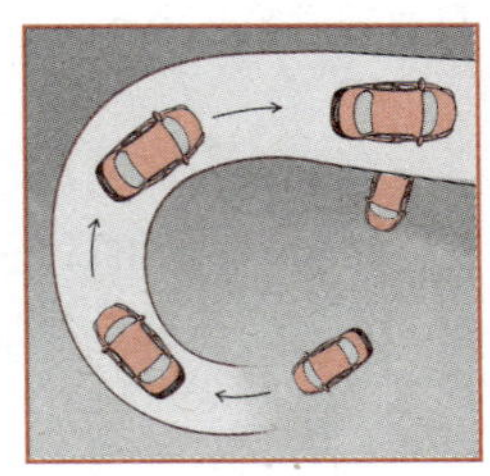

图5—6　右转一挡出地库

（四）左转弯下地库（图5—7）

左转弯地库和右转弯地库区别在于方向没有右转弯打得多，只有一个急弯。新司机很容易把方向转多了。

如图A车司机已经把方向打多了，如果不及时调整，就需要停车了。现在B车把车调整过来了，快到一层地库进口了，这个弯有点急，需要降低车速，才能容易掌握方向。

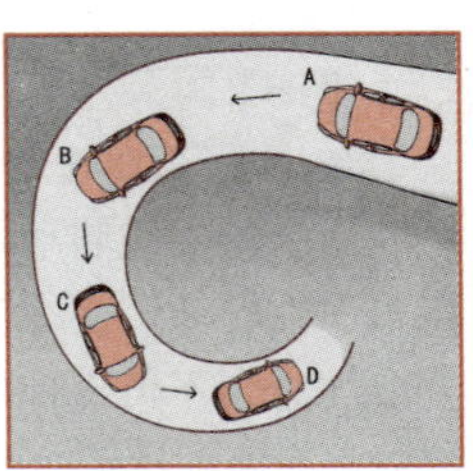

图5—7　左转弯下地库

（五）左转弯出地库（图5—8）

新司机经过了几次的锻炼，胆量大了，

可以挂二挡出左转弯地库。出地库比下地库难，挡位越高难度就越大，因为要不断地加速，如果方向掌握不好，就要减挡或是停车，重新起车。

现在左转并不是急弯，只要A车加速，转方向，就可以到B车位置，此时需要踩制动后马上再松开，以免速度不够而造成熄火。

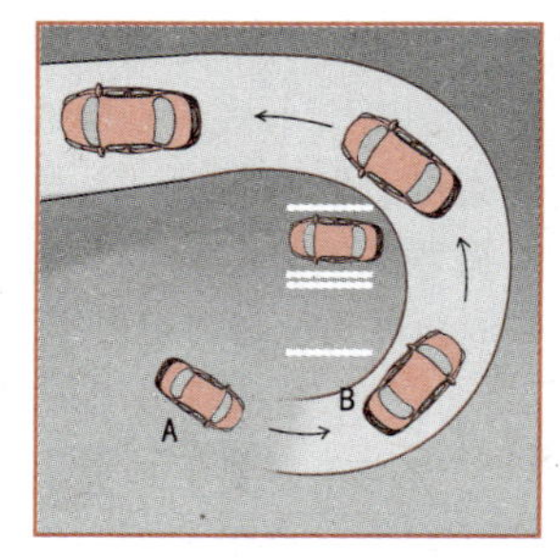

图5—8　左转弯出地库

（六）右转弯出三层地库（图5—9）

右转弯出地库的难度比左转弯难度大，特别是二挡出地库。如果汽车经常停在地库，必须掌握进出地库的方法。

图中第一个弯最难，如果顺利通过，以后的弯路上坡就容易了。现在主要应该向右贴，否则前边急弯，需要连续动作。新司机如不熟练应用一挡，速度好掌握，只要转过第二个弯就可以了。

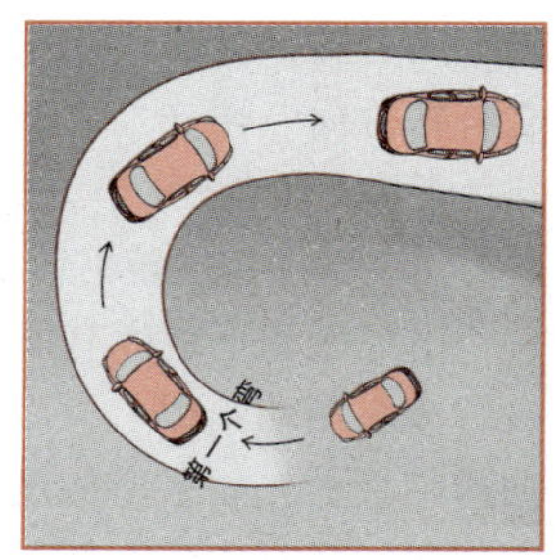

图5—9　右转弯出三层地库

小贴士：

地库进、出口交费或划卡一般在左侧，停车时需要停到离进出口1米宽的位置，否则够不着刷卡机。

三、雨、雪、雾天气的行车

（一）雨天行车

1．雨天行车注意事项（图5—10）

雨水能够使制动蹄片沾上水，影响制动效果，加上雨天路滑，所以汽车在转弯、刹车时制动效果比正常天气效果差很多。所以新司机要多注意，不可忽视下雨天对行车的影响。雨天在环线、城市道路跟车时，车距要比平时要远一个车位以上；拐弯要缓，不可太急。

如图A车左转弯，车辆、行人虽不多，也要转大弯。B车右转一定要转小弯，C车在弯路时要控制车速。

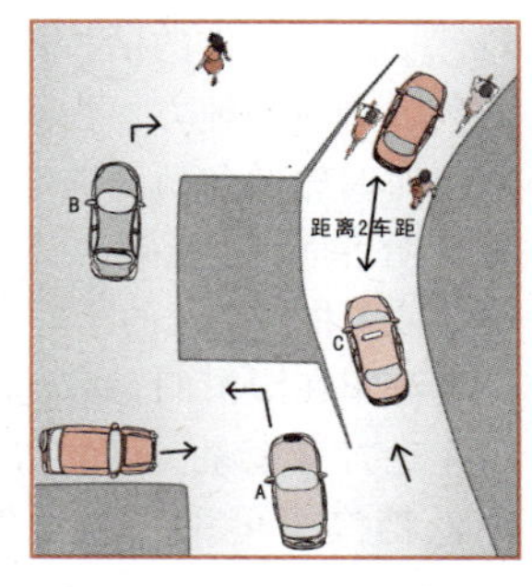

图5—10 雨天行车注意事项

2. 雨天桥上左转（图5—11）

这是环线桥上左转弯，有些桥梁是双线或路宽没画线，在没有画线的下桥处，新司机最容易遇到危险。由于新司机不靠一边走，速度慢，后边超车的较多，容易发生危险，一定要重视这个问题。

如图A车在这个位置右转，应先向右稍转一点方向，然后再多动一些，转弯的角度就好了。B车要继续动方向，但不要太快。C车一定要注意这个右转弯，第一要让D车；第二E车位置有车,因此不能直接进入直行线；第三转过弯后虽然是右转线，不要着急并线，可以减速或停车等待机会。

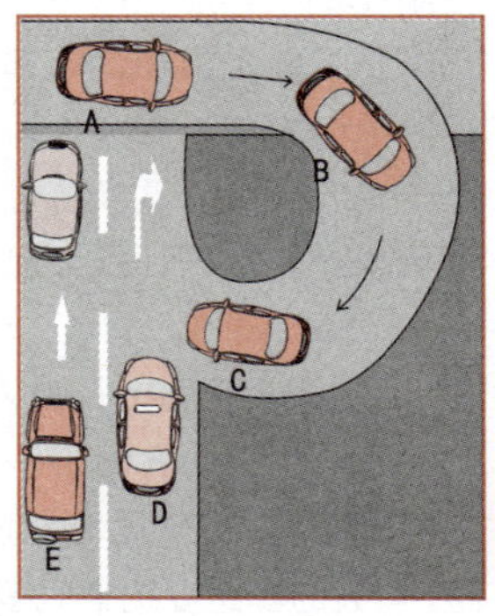

图5—11 在桥上左转弯

> 小贴士：
>
> 平时需要按规矩开车，下雨情况复杂，右转无路权更要注意。

3. 雨天夜间行车

在雨天的夜间行车比雪天的夜间行车视线要差，尤其在过路口时因有盲点（这个盲点就是行人和自行车），这一问题就显得尤为突出。雨天并线时对后车的车距、车速不易判断，但如果提前并线，可以通过看反光镜中汽车大灯以判断车距、车速。这一方法最准确，也最简单。

（二）雪天驾驶

1.雪天停车与起步（图5—12）

在雪地中长时间停车，轮胎会冻结在地面上，致使起车发生困难。如果有条件的话，停车前应选择避风、少雪的地方。为了有效防止夜间停车时轮胎与地面冻结，也可事先在轮胎下面铺垫一些柴草、沙子等物品，或者将停车处的冰雪扫除。

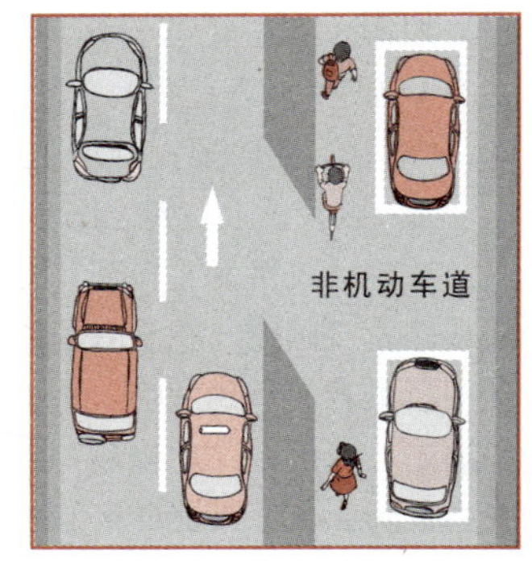

图5—12　雪天停车与起步

汽车在湿滑的路面起车，如果出现车轮打滑现象，可加高一挡起步，中低档汽车可用二挡，仍不能起车时，可用三挡。操作时应使加速踏板控制在最小程度，以不熄火为限，离合器踏板缓慢柔和地抬起，使驱动车轮的牵引力与轮胎和地面的附着力不至于相差太大，这样就可使驱动车轮不出现滑轮现象，保证在雪路上顺利起车。

2.雪天在环路上行驶（图5—13）

如图5-13中右侧第一条线每小时50公里速度，跟车距离是正常情况的车距，雪天的车距要比平时多一两个车位距离，有情况才好处理。在雪天并线也需提前加速。A车并线动方向少，危险小，B车这样并线有危险，雪天并线不能急加速，否则，汽车会打滑。

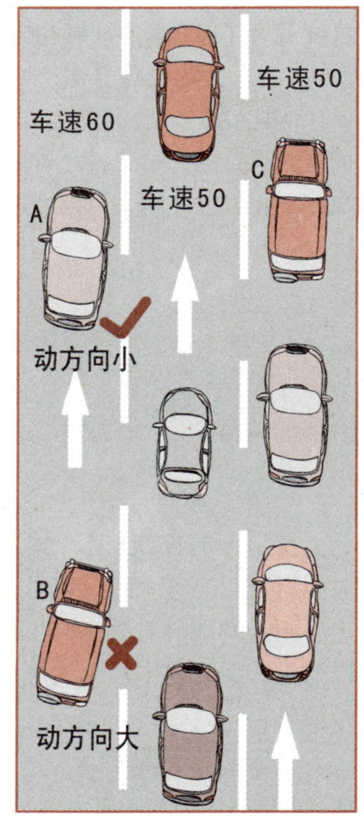

图5—13　雪天在环路上行驶

3.雪天路口右转弯（图5—14）

下雪天右转弯难，因为右转弯比左转弯方向盘多转半圈，冰雪天方向盘转得越多，汽车就越容易侧滑。那么怎样才能解决这个问题呢？雪天是特殊情况，在情况允许时候，多占左边一点路，提前先动一点方向，再动一点方向，这样提前动了两次方向，汽车已经转了一半了。然后，提前向右慢调方向，这样就可减少侧滑的危险。新司机在雪天转弯时更不要抢行，左转弯切记要转大转弯。

图5—14 雪天路口右转弯

4.雪天弯路行车（图5—15）

新司机在平时驾车时就应该养成动方向盘要慢调的习惯。雪天走弯路，如果是双向车道，也要贴左边行驶，为右转弯提前动方向做准备。大部分新司机在右转弯时，拐得晚，到了路口才转方向，猛打方向盘，这在下雪天是极其危险的。提前转方向不是多打方向，而是先动一点方向，让车向右靠，然后再多打方向，离边上1米左右，以人、物为转轴就安全了。

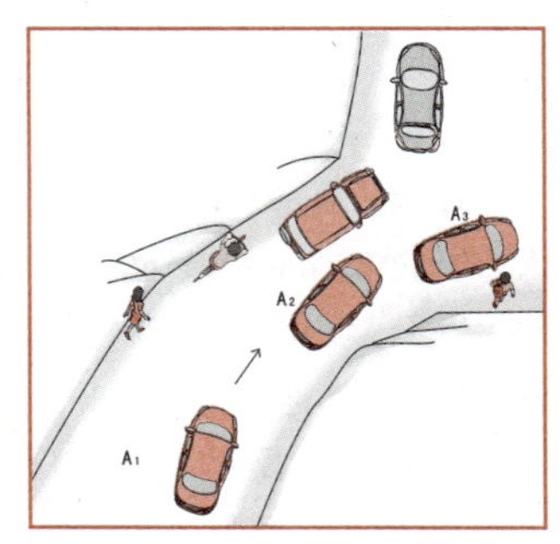

图5—15 雪天弯路行车

A_1车司机现在就应该动一点方向，再动一点方向，到A_2位置，接着往右动方向转到A_3位置，再向右转就会到安全位置。

5.雪天左转弯进二环主路（图5—16）

这是长安街左转弯进二环主路，如果是雪天，下桥向左转对新司机难度就会很大。因为是双线下桥，还是虚线。如你车速走得慢，有车会在你前方并线，特别是在雪天下桥后，必须避让直行车。双线两车抢右转车道后，必须向左并线，左边的直行车不断车，如果有车距也不会很大，对新司机是一个挑战，所以新司机雪天没有开车经验，最好先不要走下桥这种弯路。

图5—16 雪天左转弯进二环主路

6.结冰路面行车（图5—17）

下雪一两天后城市的路面一般会结冰，这时行车，不仅要控制车与车之间前后的距离，还应该注意与左右车辆的距离。有条件的话，不要与旁边车并排走，可快点或慢一点，与旁边车错开点距离。

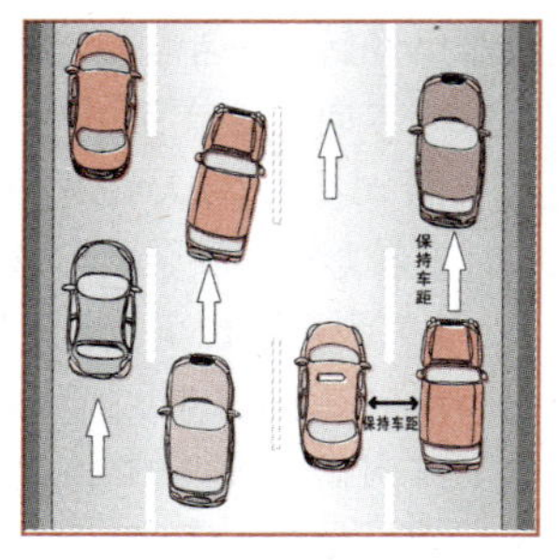

图5—17　结冰路面行车

新司机特别要注意的是，有前车并线，或遇到情况时，不要晃动方向盘。冰雪道路，如果突然动方向，就有可能向左右滑出半米远，严重的时候，汽车还会发生侧翻可能。新司机一定要重视这个问题。

7.冰雪路面夜间行车（图5—18）

在城区道路上行驶，因为有自行车和行人，遇到冰雪路面要格外小心。为防止侧滑，建议行车速度比正常情况慢很多，行车时以发动机控制车速，尽量少加油。当车辆发生侧滑时，不要向反方向打方向，这样会滑得更厉害，而是轻踩制动再松开。万一撞上行人、自行车，也不要松制动，让汽车顺着滑，这样可能不会出现大的事故，但如果松制动，汽车的惯性会再次撞人，那后果将不堪设想。

图5—18　冰雪路面夜间行车

小贴士：

在冰雪路上，可降低轮胎气压。这样，就等于增加了轮胎支撑面积，从而减少了对地面的单位压力。当汽车行驶在松软的雪地上时，不至于被陷住和使车打滑。但当以低气压行驶时，不能超过40公里/小时，通过雪路后需补足气压。

（三）雾天行车

1.雾天行车注意事项（图5—19）

一般夜间下雾比白天大，能见度低于20米时需要降低车速，开示宽灯、雾灯、照明灯、变换远近灯、警示灯（双闪）提示前后车。预感会有情况时需提前踩制动、按喇叭。

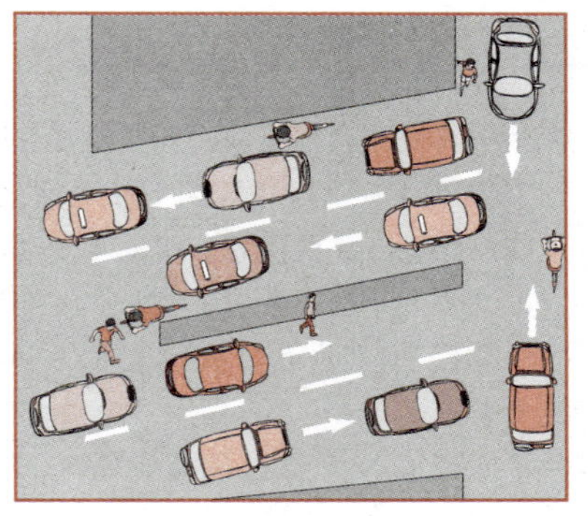

图5—19 雾天行车注意事项

雾天在城市繁华地区行车，要与前车保持车距，比正常行车时车距大一至三个车位的距离，当车辆到路口提前观察好行人及车辆的动向，提前鸣笛提示行人。

在有护栏的道路上行车时，遇到路口除需提前降低车速外，还需提前反复变换远近光灯提示车辆，注意避让行人和骑车人。

2.夜间雾天转弯（图5—20）

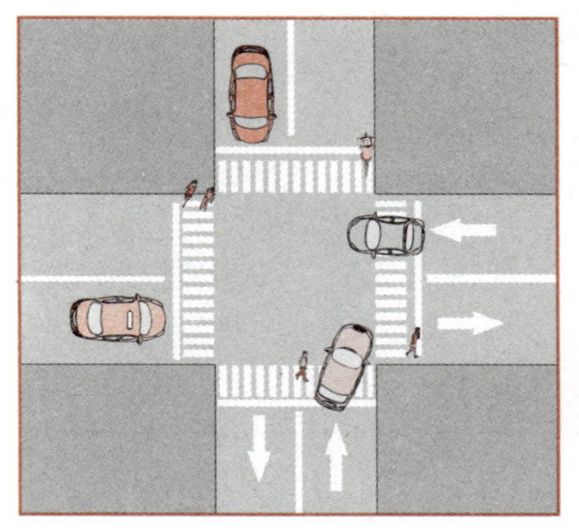

图5—20 夜间雾天转弯

因转弯发生的交通事故约占各类交通事故的百分之十五，在夜间雾天更容易与车辆发生交通事故。

左转弯：一般新司机在左转弯时容易把方向转得过大，在雾天危险就会更大，需要知道路口左转弯打方向的角度是根据路口的大小决定的，路口越大，方向转得越小，路口越小，转方向稍大。

右转弯：右转弯打方向的角度比左转弯角度大得多，因为车辆需要靠右行驶，打方向少了，就会逆行，右转弯打方向角度的规律、路口越小转方向就越大，新司机容易出现的问题是，方向打得过晚，需要提前一点时间，先动一下方向，再转四分之三左右，感觉会多就停一下，少就补一点。

3.雾天会车、超车

在行车中雾天也避免不了会车的情况，和平时会车不一样的是，夜间下雾视线会很暗淡，新司机在判断对面车距离更会出现偏差。

①要开警示灯（双闪）使对面来车知道你车辆的位置，在没有车道线的路上，还要注意非机动车的动向。（图5—21）

②降低车速、可以鸣喇叭。（图5—22）

③提前打远近灯提示对面来车，但距对方车近时，必须关远光灯。

④夜间雾天要尽量减少超车的次数，尤其是雾天盲点多，在机关、商店、路口不要超车。

图5—21　要开警示灯

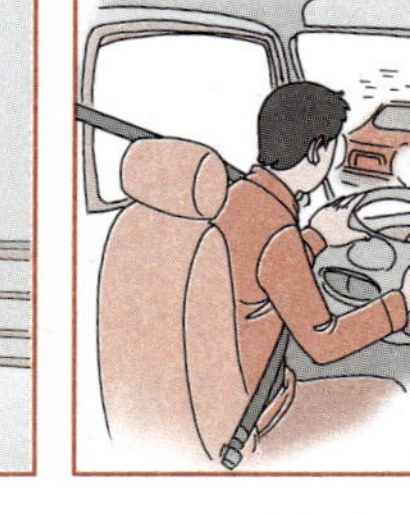

图5—22　降低车速、可以鸣喇叭

4.郊区雾天行车（图5—23）

夜间在郊外行车，雾会比城区能见度低，跟车时看到前车尾灯会变得模糊不清，这时要多变换远近光灯，车距要比平时跟车大两个车位左右，如果前边无车，没参照物，开双闪需要车速慢行，预感前面会有路口等情况需提前按喇叭，用远近灯提醒车辆和行人。

图5—23　郊区雾天行车

5.高速公路雾天行车

一般城区雾大，高速公路的雾会更大，可以听交通广播，知道是否封路。以免到了高速公路入口被堵。

雾天如果在高速公路行车需要注意几点：

①进入主辅路注意开转向灯，观察前方动态。（图5—24）

图5—24 进入主辅路注意开转向灯，观察前方动态

②跟车距离比平时要长两个车位以上。（图5—25）

图5—25 跟车距离比平时要长两个车位以上

③行驶在高速公路时，注意看临时限速公路牌。（图5—26）

图5—26　行驶在高速公路时，注意看临时限速公路牌

四、高速公路驾驶

（一）注意事项（图5—27）

高速公路发生交通事故的比例比城市道路要小得多，但是一旦发生交通事故就是大中等事故，所以高速公路进出口时一定要遵守让行规定。

高速公路车辆发生故障时不允许拖车，附近停车带边上有按钮，可通知交通部门或拨122报警，在高速公路行车时，右侧的实线是紧急停车带，不允许车辆行驶。

图5—27　高速公路驾驶注意事项

（二）高速公路收费站（图5—28）

高速公路收费站一般有3～6个收费口，但由于车辆较多，有时会拥堵，所以要提前减速，先选择要走的车道。车辆要按秩序排队，以免发生车辆剐蹭。有时到达高速公路收费口前要通过匝道，因有弯路和坡道，之前一定要降低车速。也有的通道视线黑暗，这时需要开启大灯或切换远近光灯。

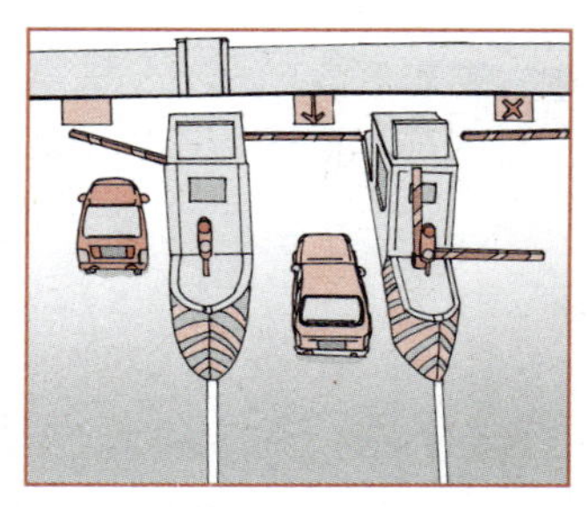

图5—28　高速公路收费站

> 小贴士：
>
> 交通法规规定实习司机可以在高速公路驾驶车辆，但不允许走内侧第一条线，因为内侧车道是快行道。

（三）高速公路入口（图5—29）

进高速公路入口，首先看所指的方向以免走错路线。在有行车线的入口必须按照所指方向行驶，但在主路有车辆时，仍须让行。A车司机需要向前到B车位置让行，让行同时看左侧主路车的动向，确认安全时方能进入主路。

图5—29 进高速公路入口

在无实线的高速公路入口需要让行，判断主路车辆的车流情况，再找机会进入主路。刚进入主路加速带时，要先打左转向灯把挡位调好，多加速少动方向，速度越快越容易进入主路，并且一定要向右动方向，否则有危险。

（四）高速公路出口（图5—30）

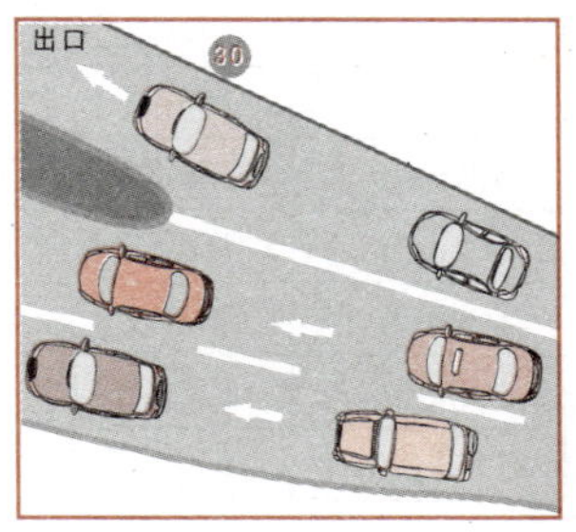

图5—30 高速公路出口

高速公路出口前方都有指示标志，一般标志牌在前方右上角或地面上，如“10 00米”“500米”，这时不要超车，要充分降低车速，靠右车道行驶，以免发生追尾事故。一般出口以后是收费站，车辆可能会很多，车辆行驶到出口时，需要减挡。汽车在遇急转弯时不允许空挡滑行，否则难以控制车辆，出口后会有方向标志，按照导向车道安全驶出。

（五）高速公路行驶（图5—31）

一般高速公路有三条行车线，右边的白实线区域内是紧急停车带，禁止行驶，供车辆发生故障停车时使用。停车时，一定要在离自己的车尾100米以外立停车牌。停车牌的位置应该在离左车尾宽度半米以上，并且要开双闪灯。如果车辆能够动，应尽快开出高速出口，否则有危险。

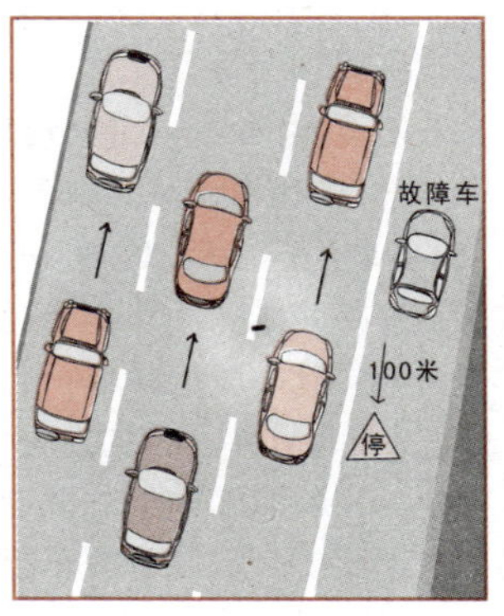

图5—31 停车时在离自己的车尾100米以外立停车牌

（六）高速公路行驶中的安全车距（图5—32）

高速公路的安全车距比城市道路的车距大。车速越快，制动距离越长。高速公路安全车速是80公里/小时，90～100公里/小时是正常车速，可控车速是110公里/小时，危险车速是120公里/小时以上。作为新司机，驾车不是很熟练，80～90公里/小时就可以了。这个速度也不会影响其他车辆行驶。

建议行车安全距离

速度	车距
慢行	5m以上
30km/h	15m以上
40km/h	25m以上
50km/h	35m以上
60km/h	45m以上
80km/h	80m以上
100km/h	120m以上
110km/h	140m以上

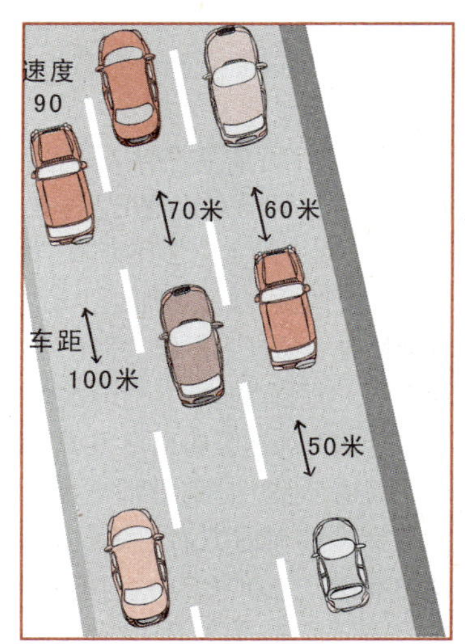

图5—32　高速公路行驶中的安全车距

（七）在高速公路上变更车道（图5—33）

在高速公路变更车道，需要提速拉大左右车辆的距离。当时速110公里/小时并线时，要比环线并线多三个车位以上距离，方向不能多动；时速100公里/小时比城市道路并线多两个车位以上；时速80公里/小时要比一般道路多一个车位以上。

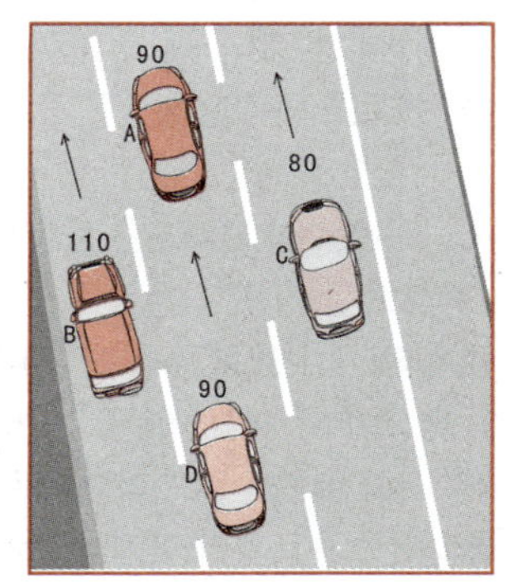

图5—33　在高速公路变更车道

A车现在不可以向左并线，因B车车速比A车快，而A车向右并线比较合适，因为车速比C车快，而且有车距。B车离D车虽然车距近些，但是车速快加速并线毫无危险。C车和左侧的车距不大而车速小于

D车，如果不加速并线是有危险的。

（八）高速行车危险信号（图5—34）

在高速公路行驶时，如果发现前方有打双闪灯的车辆，一定要提前处理。如果前车减速，最好先踩制动，情况允许方可并线，否则有危险。尤其是夜间行驶在高速公路上，由于车速快，很难分清前面车辆是否仍在向前行驶，所以新司机更应当提高安全防范意识。

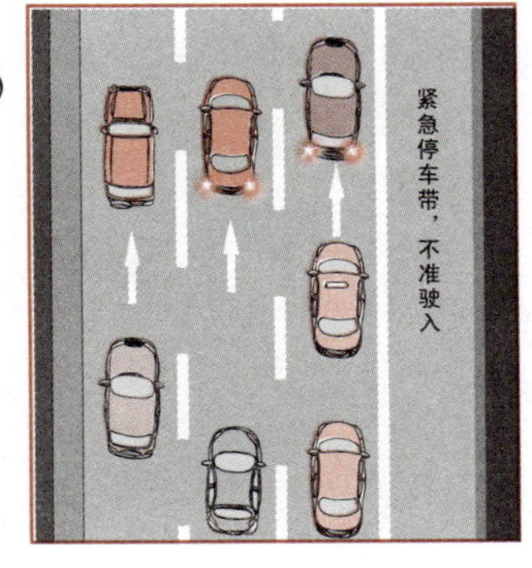

图5—34 如果发现前方有打双闪灯的车辆，一定要提前处理

五、在长安街上驾车注意事项

1.长安沿线一般是指东至通州区，西至首钢。从国贸桥到西三环新兴桥，除天安门广场允许左转弯，其他路口禁止左转弯。但是在早6点前和晚23后可以左转弯。

2.长安街沿线经常有车队通过，凡是响警笛的车辆需让行。遇有大车队通过前，交警会站内侧车道示意让行，新司机需知道走右边车道，如果有内侧车道两条需让行，一般车辆可以走公交车道，新手只需要看其他车辆动静跟车走就可以了。

3.长安街行车特点，交通畅通时车辆流量较快，无人行横道信号灯，到路口前车道线会变多两至三条车道，过路后变为三条车道，新手起步慢，没关系，只要少动方向过路口可保证安全。

4.长安街上下班高峰车辆拥堵的时候较多，但不会堵死，实习司机不准走内侧快车道，驾车不熟练时，可以走中间车道线，减少并线次数，开车熟练点时，也不要开得过快，不要和老司机比速度，在长安街驾驶一段时间可以练习对车速的感觉。

5.长安街沿线是不能停车的，包括出租车（禁止空出租车在长安街行驶）。需要停车的话得到停车场去，或者进入支道后再考虑停车与否。

6 第六部分

新司机知识必备

一、简易养护

二、新车磨合期注意事项

三、新车使用注意事项

四、二手车的选择

五、汽车故障应急处理

六、交通事故责任判断

七、北京市道路交通安全违法行为处罚及记分标准

八、新司机认路的方法

一、简易养护

有关汽车养护的知识很多，作为非专业司机不需掌握太多，仅知道一些简单保养知识以保障车辆正常运转即可，其他的问题可以交给专业人员解决。

◎经常检查机油液面高低。机油尺在发动机旁边。机油尺有两个标记，如果机油在到达上部标记左右为合适；低于下部标记，则需要加机油，但油加得也不要过多。加机油几分钟后再重新测一下机油的高度，重新校对一次机油在油尺的位置。

◎检查存水罐存水情况。因水箱和存水罐相连，由此我们可以得知水量的多少。如果存水罐水低于30%需要补水。

◎经常检查制动液液面的高度。打开制动液罐盖，如果制动液液面高度低于70%，就需要增加同一类型的制动液；如果液面太低，则需要检查分泵、管路有无漏油现象，建议到修理厂进行检修。

◎出车前、停车后检查灯光、喇叭、仪表是否正常，经常注意地面有无漏油、漏水迹象，轮胎气压是否充足。

◎每行驶1000公里左右把蓄电池盖打开，检查蓄电池液面高度——如果液面底，则需加补充液，夏季可加蒸馏水；蓄电池盖上的小孔需通畅；蓄电池电极桩头是否有氧化物，可以卸下桩头清除干净，涂上黄油。

◎轮胎交叉换位，车辆行驶两万公里至三万公里进行一次轮胎换位，可延长轮胎使用寿命。

◎外观经常清洗，一周两次，每月打蜡1～2次，可使车辆保持光亮。

◎一般车辆在行驶5000公里左右需要到保养点更换机油等。

二、新车磨合期注意事项

新车和大修发动机的车在行驶1500公里里程内称为走合期。汽车为什么要进行走合呢？因为新加工的零件表面比较粗糙，须在低转速、低负荷下磨合试运转，才能逐渐建立起承受全负荷的工作状态，否则将会加速汽车零部件的磨损，使机器寿命和动力性、经济性下降，所以新车的磨合期十分重要。在磨合期内发动机应加注优质润滑油，冷车发动后不能大轰油门，水温表不足60摄氏度时不能起步。最高车速也不尽相同，按照车型规定进行走合。应做到行车保养工作，经常检查、紧固各外露螺栓、螺母，注意发动机的声响。发现问题应立即检查、调整和修理，使汽车经常处于正常状态。

三、新车使用注意事项

◎新车走合前，必须检查各种油、水液面，如不够时，应按规定加足。检查轮胎气压，按规定充气，可用起动机转几圈后，再启动发动机。

◎不要猛轰发动机，发动机低速运转温度需到80℃以上才能行车。

◎走合期内必须限速行驶，汽车挂四挡时车速不能超过60公里/小时，三挡车速不超过30公里/小时，二挡车速不超过15公里/小时，一挡车速不超过8公里/小时。

◎走合期载重限制：200～1000公里之内乘坐人数不得超过3人。

◎不要在路况很差的路面行驶。

◎在遇到路面不平时，速度应低于正常车的车速。

◎如果遇到有减速带的地段，需踩离合器踏板，使车辆滑行过去，减少对变速器、减震器的损伤。

◎新司机如果没有实际路面上的行车经历，不要驾驶走合车。

◎应该检查并紧固各连接部位。

◎走合期结束后，更换曲轴箱机油，往水泵轴承及底盘各油嘴加注润滑脂，并进行一次全车保养（磨合后按5000公里保养项目进行）。

◎行驶1500～3000公里时，应变更变速器、转向器，以及差速器的润滑油。

◎磨合需使用93号汽油，如果使用较低的汽油，容易使发动机发生爆震，功率下降和燃料消耗增加。

◎行车时冷却水的温度应该保持80～90摄氏度内，水温较低时，不要高速行车。

◎水箱缺水时，有条件时需加温水，加水时不要太快，否则空气不易排尽。

◎后桥壳内必须使用汽车双曲线齿轮油，按冬夏季使用不同品种。

◎空气滤清器的低滤芯，每行驶1000公里后应清除积尘，检查滤芯有无破裂，有破裂必须更换。每行驶3000公里后更换滤芯，拆装时应保证密封口完好。

◎汽油滤清器内的滤芯是有渗透能力的瓷杯，保养时，需要吹去积垢，通畅后，可继续使用，装复油杯时，谨防压裂。

◎汽车下坡时，严禁空挡滑行。

◎为了保证轮胎合理使用，延长寿命，需要注意保持轮胎足够的气压。

◎按照车型厂家规定，按期润滑保养。

◎冬季如未加防冻液时，每天发动车前应加热水。

四、二手车的选择

一般应到正规的二手车市场去选车。如果通过单位或朋友购买二手车，价位可能会更划算。尤其是买单位的二手车，汽车状况会好些。无论从什么渠道买二手车，首先要看原始发票、行驶证、车辆养路费、车辆购置税征收单是否齐全，如果成交必须校正发动机号、车架号、看车主的身份证、户口本，并且保留相关的复印件，以便事后有问题时查证。如果是不认识车主也可签订一份协议。

新司机选择二手车是明智之举。根据目前汽车市场的动态，新车一年要降三次价左右，新司机在开新车时，不可能几个月就熟练，对车的损伤很多，如果把车给开熟了，新车也就快成二手车了。

旧车市场的二手车，2～5年车龄的车辆，价位稍高些；如果是暂时开几年可选择5年以上车龄的车辆，如捷达、普桑这一档次的车。六七年的车，只要挑选无大问题，买车后保养好，开几年也是很踏实的。

选择二手车的方法

◎先问车主二手车的情况，虽不是很可靠，但是经过观察与车主说的不符时，给自己杀价创造了机会。

◎主要问汽车撞过什么位置。

◎判断二手车先看有无坡纹、印记。如车尾部被撞过，把后厢打开能看到留下的颜色不同，前车头看看有无痕道，如没有，把机盖打开，最容易发现问题；看板金有无焊接处，如有焊接处，说明此车撞得很严重。接下来可以通过听声音判断车辆的情况。损耗不太大的二手车，发动机的声音都不会很大；试车1～3公里选择直线，手轻扶方向盘看车辆会不会跑偏，如果跑偏说明汽车有些问题，如是小问题车主一般会修好的，如修不好，肯定是底盘或汽车车架有问题；试转弯，看打方向是否很费力，助力器良好的车是不费劲的；在直行的路可试减震器的好坏，试制动，看看灵不灵，是否侧滑。当然如果在有条件的情况下，观察一下车架底盘就更好了。总之发现一个问题，如边部、后部有补，价钱可降几百至几千。

五、汽车故障应急处理

（一）换轮胎

汽车在行驶中感觉手动方向比平时用力了，转弯时更费劲，说明车胎扎了。需把车停到不妨碍交通的地方，在夜间更要注意，如在车辆较多的地方，须开双闪灯，在离车辆几十米处立停车牌，如在环线上尽量把车开出主路，如不能开出时，需在离自己的车100米以外立停车牌，并离车辆左尾部半米宽，否则有危险。

换轮胎步骤：

◎先把备胎、千斤顶准备好，一般备胎的螺钉在后背箱底下或后备箱内，用随车工具就可卸下。

◎先用扳管把轮胎螺母向左拧一至两圈，如拧不动，可用脚踩，然后将千斤顶置于离车胎10公分左右的地方，先使千斤顶只在地面与车低部位置，然后向右转，支起车辆高度比轮胎底部高出5公分左右，不要把车支起太高，否则汽车不稳。这时，用扳管将螺母全部卸下。然后，先用手推动一下汽车，校正一下千斤顶支撑力是否平稳，确认好后，把备胎准备好，当把车轮胎拿下有阻力时，不要使用蛮力，需让轮胎抬起一点和车辆平行方可卸下轮胎。备胎也需要抬起5公分后对正螺钉才可顺利安装，然后将螺母拧紧。此时须把千斤顶卸劲，不要猛拧千斤顶，否则汽车震动较大，然后，再次把螺母拧紧，收回地面遗留物件。

（二）发动机“开锅”

当水温表指到头，红灯亮时，说明发动机已“开锅”，这时车辆不能再继续行驶，否则会使发动机内的活塞粘缸。为了使发动机温度降下来，需要停车，这时最好不要打开水箱盖，而应熄火等待。冬天等待10分钟以上，夏天等待半个小时以上。但仍需注意不要猛地打开水箱盖，否则会喷出热蒸汽伤人。如有急事需要赶路，打水箱时，可用多层厚布垫在盖子上，身体避开水箱口，用手拧水箱盖时，不要全拧开，有一点小缝隙时，用手压着放蒸汽，几分钟后蒸汽放完，再把水箱打开。不要急于加冷水，以避免发动机炸裂。应以细水慢加满水箱，也可以打开泻水开关，边放边加，不可以把热水全部放出再加冷水。发动机“开锅”的原因一般有水管漏水，或风扇叶不转，或水泵、节温器故障等，可到修理厂修理。

（三）汽车全车无电

新司机在停车以后，再打点火时没有任何反应，喇叭不响，灯光不亮等，称全车无电。一般是低档车，旧车遇到这种情况稍多，不要慌张，造成这种原因主要是蓄电池（俗称电瓶）故障。

利用人力将车推到或拉到车少的地方，进行尝试：将钥匙置于启动位置，加二挡，当汽车速度达到10公里/小时，松离合器踏板。汽车打着火以后，可以用手制动，把离合器踏板踩下去，加点速，否则车还要熄火，但要注意行人及车辆，有情况踩制动。

还有一种情况，蓄电池各方面完好，这就要查总保险是否烧了，如果没有相应的安全保险管，只能临时代用，过后必须更换。

如果一个大灯坏了，可能是憋了或是接触不良，如果是两个大灯全部不亮了，则有可能是保险丝断了。如大灯不亮了，将雾灯的玻璃罩卸掉，固定好，开亮雾灯代替大灯行驶。如果前大灯、雾灯、小灯全坏时，可将应急灯捆在保险杠上替用。之后，赶紧找修车厂处理。

（四）其他问题及小窍门

1.汽车停车后，再起动时，点火钥匙拧不动，这时一般是汽车的自锁方向装置发生了作用，只需左手扭转方向盘，右手拧点火开关钥匙即可将自锁解除。

2.点火开关

汽车钥匙遗失或点过开关失效，可卸下点火开关，直接将接线接在一起，可以点火着车应急，需熄火时，把线断开即可。

3.汽油着火

遇到汽油着火时，不要惊慌，千万不要用水泼，水不但不能把火泼灭，反而会使油位升高，使着火范围扩大。正确方法是：使用灭火器灭火；如果灭火器不在身边，用土、布衣帽等物品，浸水后，扑盖火焰；如果用沙土灭火时，可将沙土撒在火的周围，使火停止蔓延，再用土撒在火焰上，火就会扑灭。

4.汽油中毒

汽油是有毒的燃料，人若大量吸入了汽油，轻则中毒昏倒，重则死亡，所以不要大意。当感到头晕时，应该到空气新鲜的地方做深呼吸，在行车中如果头晕恶心，需要停车到室外呼吸新鲜空气。

5.开空调睡觉可致人死亡

媒体曾经报道，司机疲劳驾驶后休息，开着空调，门窗关得很严，结果窒息而死。夏季炎热，如开着空调睡觉，一定要开着门窗。

6. 除却汽车玻璃上的冰霜

冬季汽车玻璃上有冰霜，如果等待汽车加热，需要40分钟左右，如用温水擦拭，车窗依然会结冰，用磁带软盒刮玻璃是最好的方法。不会损坏玻璃，几分钟风挡玻璃就会很干净。

7.汽车车轮空转

汽车在泥路上，起车时空转打滑，需要改变行驶方向，倒车仍不能走出泥坑时，需要在轮胎周边垫些沙子、树枝等，仍不能走出泥坑时，可找几个人推车或找汽车牵引。

8.油箱渗油

油箱渗油，可将漏油处擦干净，多涂几层肥皂做临时处理，然后开到修理厂修补。

9. “紧走沙子慢走水”

汽车通过水深的路段，要提前把挡位调好，避免在通过水中减挡，不要加大油，否则排气管进水或熄火后不着车，水路是有阻力的，也不要收油门，需要稳住，缓加速。

10.制动器遇水失效

车辆通过有水的路段，有时制动效果降低，这是制动器摩擦片与轮毂之间进了水，不要惊慌，只需要在行驶中反复踏制动，就会将水蒸发掉，使制动系统恢复正常。

11.制动突然失灵

汽车行驶中制动突然失灵，如果控制不当，会造成事故。如果遇到这种情况需要保持镇静，挂入低速挡位，利用发动机，制动控制车速，可用手制动器使车再降速，必要时，可选择无危险的障碍物或无人的地方，车慢下来后，再反复用手制动将车停下。

六、交通事故责任判断

（一）12种全责事故

1.逃逸事故：当事人逃逸，造成现场变动、证据灭失，公安局交通管理部门无法查证交通事故事实的。

2.灭证据事故：小客车在非机动车道与自行车发生事故后，司机将双方的车辆移至机动车道内，造成机动车道接触的假象。

3.闯红灯事故：当事人驾驶车辆遇到交通信号灯控制的交叉路口，遇红灯继续通行的。

4.穿越道路中心线或者隔离设施事故：当事人驾驶机动车越过施划有禁止穿越的道路中心线或者隔离设施与道路上的其他车辆或行人发生交通事故的。

5.机动车进入非机动车道与同向行驶非机动车事故：当事人驾驶机动车进入非机动车道或非机动车通行范围内，剐撞同向行驶非机动车的。

6.车辆在人行道剐撞行人事故：当事人驾驶车辆在人行道或行人通行范围内剐撞行人的。

7.车辆剐撞依法在人行横道内行人事故：当事人驾驶车辆剐撞依法

在人行横道内通行的行人的。

8.车辆未避让执行紧急任务的车辆：当事人驾驶车辆未避让执行紧急任务的警车、消防车、救护车、工程救险车的。

9.车辆装载物遗洒、飘散事故：当事人所驾驶车辆的装载物在遗洒、飘散过程中发生交通事故的。

10.机动车倒车事故：当事人驾驶机动车倒车时，与车后其他车辆、行人发生交通事故的。

11.逆行与顺行非机动车事故：当事人驾驶非机动车在车道逆行，与顺向行驶的非机动车发生交通事故的。

12.非机动车超车事故：当事人驾驶非机动车在非机动车道超越同向行驶的非机动车发生交通事故的。

（二）36种违章负全责的情况

1.违反交通信号指示的

2.遇放行信号未让先被放行车的

3.遇放行信号转弯未让直行车和被放行的行人的

4.遇停止信号右转弯和T形路口直行车未让被放行的车辆、行人的

5.支路车未让干路车的

6.支干路不分的同类车，未避让右边驶来的车辆

7.支干路不分的，非机动车未让机动车，非公共汽车、电车未让公共汽车、电车的

8.相对方向同类车相遇，左转弯车未让直行或右转弯车的

9.进入环形路口车未让环形路口内车的

10.车辆行经人行横道未按规定让行人的

11.机动车驶入非机动车道未让非机动车的

12.机动车驶入人行道未让行人的

13.非机动车驶入机动车道未让机动车的

14.非机动车驶入人行横道未让行人的

15.非机动车在人行横道内行驶,横过人行道，未让机动车、行人的

16.行人进入非机动车道，未让机动车的

17.行人进入非机动车道，未让机动车的

18.行人横过车行道未走人行横道、人行过街天桥或地下通道的
19.机动车变更车道未让本车道车的
20.机动车违规进入公交专用车道的
21.公交专用车违章进入其他机动车道的
22.辅路车未让主路车的
23.其他违反借道行驶规定的
24.违反禁行类的禁令标志或禁止标线的
25.违反导向类的指示标志或指示标线的
26.逆向行驶的
27.违章掉头的
28.违章会车的
29.违章超车的
30.在机动车道和高速公路上违章停车的
31.机动车驶入交通管制车道的
32.违章进入高速路、快速路的
33.倒车、溜车发生事故的
34.开关车门妨碍其他车辆、行人通行的
35.未保持安全距离，追撞前车尾部的
36.自身发生交通事故的

七、北京市道路交通安全违法行为处罚及记分标准

1.未按照规定使用安全带的　罚款50元　记1分
2.驾驶摩托车未按照规定佩戴安全头盔的　罚款50元　记2分
3.车门、车厢未关好时行车的　罚款50元　记1分
4.未配备有效的灭火器、反光的故障车警告标志的　罚款50元
5.进出停车场或者道路停车泊位妨碍其他车辆或者行人正常通行的　罚款50元
6.机动车在单位院内居民居住区内不低速行驶或者不避让行人的　罚款50元
7.未携带行驶证的　罚款100元　记1分

8.未携带驾驶证的　罚款100元　记1分

9.未携带驾驶人信息卡的　罚款100元

10.驾驶证丢失、损毁期间驾驶机动车的　罚款100元

11.驾驶摩托车时手离车把或者在车把上悬挂物品的　罚款100元

12.在机动车驾驶室的前后窗范围内悬挂、放置或者粘贴、喷涂妨碍安全驾驶的物品或者文字、图案的　罚款100元

13.公路运营客车、重型货车、半挂牵引车未按照规定安装或者使用行驶记录仪的。　罚款100元

14.未按照规定粘贴或者悬挂实习标志的　罚款100元

15.道路施工养护、环卫清扫、设施维修及绿化等专业作业车辆不符合国家和本市的道路作业车辆安全标准的　罚款100元

16.在没有划分中心线和机动车、非机动车分道线的道路上，未按规定行驶的　罚款100元　记2分

17.违反分道行驶规定的　罚款100元

18.未按照交通警察指挥行驶的　罚款100元

19.未按照指示交通标志、标线指示行驶的　罚款100元

20.未按照禁令标志、警告标志指示行驶的　罚款100元　记2分

21.未按照禁止标线、警告标线指示行驶的　罚款100元　记2分

22.违反限制通行规定的　罚款200元

23.未按照规定与前车保持安全距离的　罚款100元　记2分

24.违反倒车规定的　罚款100元　记1分

25.违反牵引挂车规定的　罚款100元　记3分

26.违反交替通行规定的　罚款100元

27.违反试车规定的　罚款100元

28.违反灯光使用规定的　罚款100元　记1分

29.违反危险报警闪光灯使用规定的　罚款100元　记1分

30.违反故障机动车牵引规定的　罚款100元　记2分

31.向道路上抛撒物品的　罚款100元

32.违反规定使用喇叭的　罚款100元

33.机动车发生故障，未按照规定报警的　罚款100元

34.行经交叉路口、环形路口、道路出入口或者进出、穿越道路未

按照规定行车、停车　罚款100元　记2分

35.行经交叉路口、环形路口、道路出入口或者进出、穿越道路未按照规定让行的　罚款100元　记3分

36.通过无交通信号控制路口未减速让行的　罚款100元　记3分

37.通过无交通信号或者无管理人员的铁道口未减速或者停车确认安全的　罚款100元

38.行经无交通信号的道路，遇行人横过道路未按照规定避让的　罚款100元　记2分

39.非公路客运车辆载人超过核定人数未达到20%的　罚款100元　记2分

40.载客汽车违反规定载货的　罚款100元

41.违反规定标准载物的　罚款100元

42.运载超限的不可解体物品，未按照公安机关交通管理部门规定行驶的　罚款100元

43.驾驶安全设施不齐全的车辆上道路行驶的　罚款200元

44.驾驶机件不符合机动车国家安全技术标准的机动车上道路行驶的　罚款200元

45.服用国家管制的精神药品或者麻醉药品后驾驶机动车的　罚款200元

46.患有妨碍安全驾驶机动车的疾病仍驾驶机动车的　罚款200元

47.使用他人机动车驾驶证的　罚款200元　记12分

48.使用他人驾驶人信息卡的　罚款200元

49.已登记的机动车未悬挂机动车号牌的　罚款200元　记3分

50.未取得机动车移动证明，未按照移动证明在有载明的有效期限、行驶区域行驶的　罚款200元

51.未按照规定安装号牌的　罚款300元　记3分

52.故意遮挡或者污损机动车号牌的　罚款300元　记3分

53.机动车号牌不清晰或者不完整的　罚款200元

54.改变车身颜色，更换发动机，更换车身或者车架，未办理变更登记的　罚款200元

55.货运机动车及其挂车的车身或者车厢喷涂放大的牌号不清晰的

罚款200元

56.大、中型客运机动车未按照规定喷涂准乘人数或者经营单位名称的 罚款200元

57.驾驶未按照规定期限进行安全技术检验或者未放置有效的检验合格标志的 罚款200元

58.驾驶未按照规定放置保险标志的 罚款200元 记1分

59.驾驶未按照规定放置环保合格标志的 罚款200元

60.机动车喷涂、粘贴标识或者车身广告影响安全驾驶的 罚款200元

61.总质量在3.5吨以上的货运汽车、挂车，未按照规定安装侧、后防护装置的 罚款200元

62.逆向行驶的 罚款200元 记3分

63.违反规定在专用车道内行驶的 罚款200元

64.在划设公交专用车道的道路上，公共汽车、电车违反规定在其他车道内通行的 罚款200元

65.违反交通信号灯指示的 罚款200元 记3分

66.违反规定超车的 罚款200元 记3分

67.违反规定变更车道的 罚款200元

68.违反规定会车的 罚款200元 记1分

69.违反规定掉头的 罚款200元

70.变更车道影响本车道内机动车正常行驶的 罚款200元

71.行经人行横道遇行人通过时，未停车让行的 罚款200元 记2分

72.超过规定时速50%以下的 罚款200元 记3分

73.非公路客运车辆载人超过核定人数达到20%以上的 罚款200元 记2分

74.货运机动车违反规定附载作业人员的 罚款200元

75.运载危险化学品未按照规定行使的 罚款200元

76.通过铁路道口，违反交通信号或者管理人员指挥的 罚款200元

77.运载超限物品行经铁路道口，未按照当地铁路部门指定的铁路道口、时间通过的 罚款200元

78.遇有执行紧急任务的警车、消防车、救护车、工程救险车未按

规定让行的　罚款200元　记3分

79.拨打、接听电话，观看电视的　罚款200元　记2分

80.下陡坡时熄火或者空挡滑行的　罚款200元　记3分

81.连续驾驶超过4个小时，未停车休息或者停车休息时间少于20分钟的　罚款200元　记2分

82.警车、消防车、救护车、工程救险车违反规定使用警报器，标志灯具的　罚款200元

83.违反规定在应急车道内行驶或者停车的　罚款200元

84.违反规定在高、快速路应急车道内停车的　罚款200元　记6分

85.遇前方道路受阻或者前方车辆排队等候，缓慢行驶时，违反规定进入路口的　罚款200元　记2分

86.遇前方道路受阻或者前方车辆排队等候，缓慢行驶时，违反规定在人行横道或者网状线区域内停车等候的　罚款200元

87.遇前方道路受阻或者前方车辆排队等候，缓慢行驶时，借道超车的　罚款200元

88.遇前方道路受阻或者前方车辆排队等候，缓慢行驶时，占用对面车道的　罚款200元

89.遇前方道路受阻或者前方车辆排队等候，缓慢行驶时，穿插等候车辆的　罚款200元

90.遇前方道路受阻或者前方车辆排队等候，缓慢行驶时，进入非机动车道、人行道行驶的　罚款200元

91.违反规定停放车辆的　罚款200元

92.违反规定临时停车的　罚款200元

93.出租汽车违反规定停车上下乘客的　罚款200元

94.出租汽车违反规定在道路上停车待客、揽客的　罚款200元

95.公共汽车、电车违反驶入停靠站规定的　罚款200元

96.发生故障或者未按照规定开启危险报警闪光灯的　罚款200元　记3分

97.发生故障或者事故夜间未开启示廓灯和后卫灯的　罚款200元　记3分

98.发生交通事故后，未按照规定撤离现场，造成交通堵塞的

罚款200元

99.机动车发生故障后尚能移动，未移至不妨碍交通地点的 罚款200元

100.学习驾驶未按照指定路线、时间驾驶或者教练车乘坐无关人员的 罚款200元

101.在实习期间内驾驶禁止驾驶的机动车的 罚款200元 记2分

102.在实习期间内驾驶机动车在快速车道内行驶的 罚款200元

103.驾驶禁止驶入高速公路的机动车驶入高速公路的 罚款200元 记3分

104.非救援车、清障车在高速公路上拖拽、牵引机动车 罚款200元 记3分

105.救援车，清障车在高速公路上执行救援、清障任务时，未开启示警灯和危险报警闪光灯的 罚款200元

106.在高、快速路上行驶速度低于规定的最低时速的 罚款200元 记3分

107.在高、快速路上未按照规定保持行车间距的 罚款200元 记2分

108.低能见度气象条件下在高、低速路上未按照规定行驶的 罚款200元 记3分

109.在高、快速路上倒车的 罚款200元 记6分

110.在高、快速路上逆行的 罚款200元 记6分

111. 在高、快速路上穿越中央分隔带掉头的 罚款200元 记6分

112.在高、快速路上行车道内停车的 罚款200元 记6分

113.在高、快速路上匝道、加速车道或者减速车道上超车的 罚款200元 记2分

114.在高、快速路上骑、轧行车道分界线的 罚款200元 记3分

115.在高、快速路上的路肩上行驶的 罚款200元

116.在高、快速路上试车或者学习驾驶机动车的 罚款200 元 记6分

117.在高、快速路上货运机动车车厢内载人的 罚款200元 记3分

118.货运机动车驾驶室内载人超过核载人数的 罚款200元 记2分

119.不避让正在作业的道路养护车、工程作业车的 罚款200元

120.过度疲劳仍继续驾驶的 罚款200元
121.其他机动车喷涂特种车特定标志图案的 罚款200元
122.货运机动车超过核定载质量未达30%（含）的 罚款200元 记2分
123.公路客运车辆载客超过额定乘员，未达20%(含)的 罚款200元 记2分
124.驾驶与驾驶证载明的准驾车型不符合机动车的 罚款800元 记12分
125.饮酒后驾驶机动车 罚款500元 记6分
126.醉酒后驾驶机动车（血液中酒精含量80mg/100ml以上 130mg/100ml(含)以下的） 罚款1800元 记12分
127.醉酒后驾驶机动车的（血液中酒精含量130mg/100ml以上） 罚款1800元 记12分
128.饮酒后驾驶营运机动车的 罚款500元 记6分
129.醉酒后驾驶营运机动车的 罚款2000元 记12分
130.一年内因醉酒驾驶车被处罚2次以上的 吊销
131.公路客运车辆载客超过额定乘员20%以上50%（含）以下的 罚款1000元 记6分
132.公路客运车辆载客超过核定乘员50%以上的 罚款1800元 记6分
133.公路客运车辆违反规定载货的 罚款1000元 记6分
134.货运机动车超过核定载质量30%以上的 罚款1800元 记6分
135.货运机车违反规定载客的 罚款1000元 记6分
136.使用伪造、变造的机动车登记证书、号牌、行驶证、驾驶证 罚款1800元
137.使用其他车辆的机动车登记证书、号牌、行驶证 罚款1800元
138.使用伪造、变造或者使用其他车辆的检验合格标志、保险标志 罚款1800元
139.未取得机动车驾驶证驾驶机动车的 罚款800元
140.机动车驾驶证被吊销仍驾驶机动车的 罚款1800元
141.机动车驾驶证被暂扣期间驾驶机动车的 罚款1800元 记12分
142.将机动车交由未取得驾驶证或者驾驶证被吊销、暂扣的人驾驶的

罚款2000元

143.造成交通事故后逃逸，尚不构成犯罪的　罚款1800元 记12分

144.机动车行驶超过规定时速50%的　罚款1000元 记6分

145.机动车在高速路上超过规定时速50%的　罚款1800元 记6分

146.违反交通管制的规定强行通行，不听劝阻的　罚款1800元 记12分

147.驾驶拼装的机动车或者已达到报废标准的机动车上道路行驶的　罚款2000元

148.违反法律、法规，发生重大交通事故，构成犯罪的　吊销

149.造成交通事故后逃逸的　吊销

150.机动车驾驶证被依法扣留期间驾驶机动车的　罚款1800元

151.驾驶人已累计记分满12分仍驾车的　罚款1000元

152.驾驶证超过有效期仍驾车的　罚款1000元

153.超过3个月不缴纳罚款的　记12分

154.连续2次逾期不缴纳罚款的　记12分

八、新司机认路的方法

北京的道路十分复杂，从地图上看密密麻麻有几万个地方，查起来很费事，老司机也要经过四五年才能知道一个局部路线。汽车开得不熟练，再分散精力找路就更麻烦了。但任何事情都有它的规律，识别道路也是一样。北京的道路是“七横八纵”，认路应该从这一规律入手。如果你用十几小时走一次，每次走完后在地图上画一点，主要是记大路口就可以了，以后要到什么地方去，先从地图上查一下或问对方大路口，哪个方向。不知方向也可以问路口的建筑、大厦等明显标志，这样大方向知道了，要找的地方也就容易多了。

北京的二环、三环、四环的立交桥转弯除环岛要提前出辅路，以及个别立交桥左右转弯在一个方向外，大部分环线立交桥都是“一右、二左”转弯方法。“一右”就是第一个口是右转弯的道，“二左”就是第二个口下桥是左转弯的道。如果开车开过了，立交桥掉头，需要两个左转弯，就可掉头回来。

在看禁止左转标志时，如果禁左标志是双排字，说明早晚禁左其

他时间可以转弯，如7～9时，16～19时双排字。公交车道也是一样，看是否为双排字，单排字禁左，如早7至晚22点，就是说只有在早7点前，晚22点后可以左转弯。

交通标志有时会更改，需提前看标志，一般标志在左前方，车道线或前方也有指示标志。